Manfred Hausmann

Manfred Hausmann in seinem Worpsweder Arbeitszimmer

Manfred Hausmann
Neu entdeckt

Ausgewählt und herausgegeben
von Ulf Fiedler

Edition Temmen

Die Deutsche Bibliothek – CIP-Einheitsaufnahme
Hausmann, Manfred: Neu entdeckt / Manfred Hausmann.
Ausgew. und hrsg. von Ulf Fiedler. –
Bremen : Ed. Temmen, 1998
ISBN 3-86108-137-7

Bildnachweis
Bernhard Havighorst: S. 13
Landesbildstelle Bremen: S. 29, 101
Hans Saebens: S. 2, 15
Alle übrige Aufnahmen privat mit freundlicher Genehmigung von Bettina Hausmann

Umschlagfoto von Lohrisch-Achilles, Bremen

Diese Publikation wurde durch die Sparkasse Bremen und den Senator für Bildung, Wissenschaft, Kunst und Sport gefördert

Hohenlohestr. 21 – 28209 Bremen
Tel. 0421-34843-0 – Fax 0421-348094

ISBN 3-86108-137-7

Inhalt

Ein Wort zuvor

Wer kennt nicht diese prickelnde Unruhe vor einer Reise? Man hat sich für ein bestimmtes Ziel entschieden; eines, das man noch nicht kennt oder doch über lange Jahre nicht mehr gesehen hat. Nun trägt man die Fahrkarte in der Tasche. Atlas und Ansichtskarten werden hervorgesucht. Aber was ist das schon!

Die Ortschaft entdecken mit ihren Straßenzügen und Bauwerken, das Land, die Wälder, Seen und Berge erwandern – dies alles wird erst möglich sein, nachdem man angekommen ist. Ein Abenteuer, dessen Verwirklichung mit dem gelösten Ticket beginnt.

Solch eine Fahrkarte mit der Aufschrift »Manfred Hausmann« will dieses Buch sein. Es kann und will nicht des Dichters ganzes Werk darstellen. Aber mit seinen Ausschnitten, Ansichten und Leseproben liefert es authentische Impressionen, die sich zu einem mosaikartigen Portrait zusammenfügen. Leser, die »ihren« Hausmann seit Jahrzehnten kennen, sollten ihn wieder mal zur Hand nehmen, junge Leser ihn neu entdecken.

Nicht zufällig fängt diese Spurensuche in Hausmanns Rönnebecker Wohnsitz, dem »Dyllenhoff«, an. Dort bin ich ihm in den sechziger Jahren zuerst begegnet und konnte über viele Jahre Dichter und Werk aus ganz persönlicher Perspektive erleben.

Auch wenn man sein schriftstellerisches Werk nicht auf eine bestimmte Landschaft festlegen kann, bleibt doch ein wesentlicher Teil seines Schaffens mit seiner Wahlheimat an der Unterweser verbunden. Berufliche, private und kulturelle Interessen bestimmten seit den zwanziger Jahren seine Vorliebe für die Hansestadt Bremen. Als dritter Name kommt Worpswede ins Spiel. In diesem Künstlerdorf arbeitete Hausmann 23 Jahre lang am Hang des Weyerberges.

Der Dreiklang Unterweser – Bremen – Worpswede benennt gewichtige Schwerpunkte in der Biographie des Dichters. So macht es Sinn, die vorliegende Textauswahl nach diesen drei Landschaften zu gliedern. Chronologisch folgt eine solche Vorgehensweise nicht Hausmanns Lebenslauf, aber gerade darin kann der besondere Reiz, kann das Spannende dieser Spurensuche liegen.

Der 100. Geburtstag des Dichters am 10. September 1998 bietet willkommenen Anlaß, sich neu mit seinem Gesamtwerk zu befassen. Diese Festschrift kann dabei Anregung und Hilfe sein. Sollten die vorliegenden Spuren seiner dichterischen Existenz neugierig darauf machen, den »ganzen« Hausmann zu entdecken, dann hat dieses Büchlein sein Ziel erreicht.

Ulf Fiedler
im September 1998

Frachter und schwebende Jachten:
Die Unterweser

»Nach dem Busbahnhof die zweite Einfahrt links.« Kurz und präzise informierte er auswärtige Besucher am Telefon. Das war leicht gesagt. Wer jedoch zum erstenmal kam, übersah mit ziemlicher Sicherheit die schmale Einfahrt.

Erst im Wohnzimmer mit der hellen Fensterfront wurde erkennbar, mit welcher Sorgfalt Manfred Hausmann sein Grundstück in Bremen-Rönnebeck gewählt hatte. Kaum jemand, der nicht begeistert war von dem Blick über den Strom.

> »Als ich mich 1950 entschloß, dem Künstlerdorf Worpswede den Rücken zu kehren, um im Bremischen auf dem Steilufer der Unterweser ein Haus zu bauen, da fragten die Freunde, warum ich denn gerade diese Stelle gewählt hätte. Ich schrieb ihnen ›Kommt und seht!‹« (T)

Hier tritt eine besondere Eigenschaft des Dichters Manfred Hausmann zutage: Er ergründete die Welt zuallererst mit den Augen. »Kommt und seht!« Seine zweifelnden Freunde sollten durch eigene Anschauung überzeugt werden.

Hausmanns tieferen, philosophischen, seine dichterischen Fragen entstanden erst, wenn sich die Augen an der Schönheit dieser Welt begeistert und satt gesehen hatten. Die Meisterschaft seiner Sprache schulte sich an dem, was er sah.

Herbstabend am Strom

Viele haben es gewußt,
und nun weiß ich's auch:
tiefer glüht die Daseinslust
im Septemberhauch.

Welle hebt sich, Welle blinkt
und versprüht zu Licht,
da die Bucht im Glanz ertrinkt
dieser Nebelschicht.

Durch das glimmende Gespinst
schiebt ein Schiff sich her,
ist von Fernen und Gewinst
und von Meerduft schwer.

Schatten zart in Schatten treibt.
So erlischt die Welt.
Nur des Wassers Weite bleibt
wesenlos erhellt.

Noch ein letztes Grillensirrn...
Sinnend lauscht das Ohr,
Und dann steigt das Herbstgestirn
glänzender empor. (G)

Mit welcher Genauigkeit schildert er den Abendhimmel über der norddeutschen Landschaft oder die Impression eines im Sonnenglast ruhenden Dorfes zur Mittagsstunde! Sein »Herbstabend am Strom« etwa läßt den Leser unmittelbar teilhaben am Spiel des Lichts über den Wellen. Solch nuancierte Schilderung der Augenlust indes macht noch keinen Dichter. Sie kann nur eine Facette sein. Dieser beglückende Reichtum des Schauens kann das andere nicht verbergen, jenes Hinfällige und Vergängliche des Menschen, das Zerbrechliche, das Fragwürdige hinter jeder schönen Oberfläche.

Je genauer, je begeisterter, je dichterischer er Menschen und Dinge ansieht und in Vers und Prosa festzuhalten sucht, um so größer wird seine Ratlosigkeit: Nichts hat Bestand, die Schönheit nicht, nicht die eigene Begeisterung, noch die Liebe, diese rätselhafteste aller menschlichen Möglichkeiten.

So zieht sich denn durch das ganze Werk Hausmanns die Frage nach dem Geheimnis hinter den Dingen.

»Kommt und seht!« Für die Freunde barg diese Aufforderung das sicherste Argument. Da bedurfte es keiner tiefgründigen Philosophie. Hausmanns Wechsel vom Weyerberg aufs hohe Weserufer bei Rönnebeck fand ungeteilte Zustimmung. Der Dichter erinnert sich:

> »Und sie kamen. Und wenn sie dann auf den Strom hinuntersahen, dessen Wassermassen sich im Rhythmus der Tide langsam der Nordsee zuwälzten, wenn sie die mächtigen Frachter und Tanker mit den Flaggen aller Länder und die schwebenden Jachten bestaunten, wenn sie schließlich die Augen über den jenseitigen Deich mit der

Warflether Schifferkirche hinweg in die windüberwehte Weite des Oldenburger Landes schweifen ließen, dann fragten sie nicht mehr.« (T)

Der 1898 in Kassel geborene Dichter überzeugte seine Freunde von der Schönheit und der Besonderheit seiner Wahlheimat. Ihm selbst war diese Landschaft schon länger vertraut.

Manfred Hausmanns Bindung an die Unterweser begann schon vor dem Einzug in den »Dyllenhoff« im Jahre 1950. In seinem 1932 veröffentlichten Roman »Abel mit der Mundharmonika« wählte er als Kulisse die Weser, Vegesack, Brake und Nordenham bis hin zu Knechtsand und Robbenplate in der Außenweser.

Einige Romane wie »Kleiner Stern im dunklen Strom«, »Liebende leben von der Vergebung« oder die Ballade »Lilofee« – um nur einige zu nennen – sind mit der Unterweserlandschaft innig verwoben. Diese Tatsache schließt eine zufällige Wahl seines Wohnsitzes aus. Zudem war er leidenschaftlicher Segler. Der Bürger und Nachbar Manfred Hausmann blieb dieser Landschaft heimatlich verbunden.

Aber Vorsicht: Obwohl die Unterweser häufig die Kulisse für seine Romane und Erzählungen abgibt, sprengt seine Dichtung den landschaftlichen Rahmen. Er ist kein Heimatdichter, ganz und gar nicht! Daß so viele Leser aus dem gesamten deutschsprachigen Raum in Hausmanns Werken ihre eigene Lebensproblematik entdecken, hebt sein dichterisches Werk mühelos aus seiner norddeutschen Bezogenheit in eine allgemeingültige menschliche Ebene.

Der »Dyllenhoff« von der Landseite

Wie genau er mit den Besonderheiten des Stroms vertraut war, belegt sein Roman »Abel mit der Mundharmonika«. Hier eine Leseprobe:

> »An den fernen Ufern, die sich als flache Schattenstreifen hinzogen, stieg da und dort der schwarze Umriß einer Pappelgruppe auf. Zuweilen flämmerte ein Licht herüber. Ein Kiebitz schwang sich hoch, überschlug sich und taumelte wieder herab. Mit langsamen Flügelschlägen ruderte ein Fischreiher unter dem Himmel hin. So ein Abend, dachte Peter, so ein Abend an der Weser, das lohnt sich schon. Dann biß er wieder in sein Brot. Da kommt die ›Wolfsburg‹, sagte Jumbo mit einem Male in die Stille hinein. Ein Hansadampfer, der

lautlos aufgekommen war, überholte die ›Scharhörn‹, ein düsteres Gespenst mit Lichtern in den Masten und einem matten Schimmer weiter unten. Die Decks lagen verlassen, nirgends ließ sich ein Mensch blicken. Die schwerfällig arbeitenden Schraube schlug halb aus dem Wasser heraus. Groß, unheimlich und schweigend qualmte er stromab seinem fernen Ziel zu: Indien …« (A)

Ein leiser Hauch von Schwermut zeichnet diese Landschaftsschilderung aus. Man muß die herbe Ufer- und Wasserlandschaft kennen, um von der feingestimmten Genauigkeit des Tons überrascht zu sein.

Dabei bildet diese Genauigkeit nur den Rahmen, in dem sich die Figuren des Romans mit traumwandlerischer Sicherheit bewegen. Sie werden ein Teil dieser Landschaft. Mit wenigen Strichen nur läßt der Dichter sie lebendig werden, den mundharmonikaspielenden Abel und die knabenhafte, siebzehnjährige Corinna. Ihre Sehnsucht, ihre Enttäuschung, ihren Trotz. Und die Hoffnung auf Zukünftiges, nun erst recht!

Sparsam angedeutet, bruchstückhaft erscheinen solche Empfindungen, ein Wort nur, ein halber Satz, vielleicht nur ein Aufseufzen.

Aber gerade wegen dieser Knappheit der Sprache erscheint das Angedeutete wahrhaftig. Darin zeigt sich die Stärke der frühen Romane des Autors. Die analytische Sicherheit, mit der er das Lebensgefühl junger Menschen aufzeigt, machte ihn zum Vertrauten einer ganzen Lesergeneration.

Hausmanns dichterische und menschliche Kompetenz reicht in die Stille, in die äußerste Privatheit des Lesers. Jahr-

Der Dichter auf der Terrasse seines Hauses in Rönnebeck

zehntelang erreichte ihn täglich eine Fülle von Briefen. Freudige, dankbare, ratsuchende. Wer immer sich in Grenzbereichen des Lebens befindet, im fassungslosen Glück einer jungen Liebe, im Schmerz durch Verlust, in Ausweglosigkeit, fühlt sich in Hausmanns Prosa und Lyrik verstanden. Dabei bietet er keineswegs Lösungen an. Vielmehr bezieht seine Dichtung ihre Wahrhaftigkeit aus dem ungelösten Spannungsverhältnis zwischen Verheißung und Vergeblichkeit. Aus seinem Werk spricht brüderliches Verstehen. Weil es sich so verhält, bemühte er sich, die an ihn gerichteten Briefe, soweit es ihm möglich war, zu beantworten. Eine Mühsal des Mittragens und ein Zeitaufwand, zu dem er sich bis ins hohe Alter verpflichtet fühlte.

Brüderliche Welt, so verstand er sie:

> »Eine Ahnung überkam mich, daß nichts, was ein Mensch auf Erden erlebt imstande sei, seine Ruhelosigkeit zu stillen. Auch in ihrer schönsten Schönheit war die Welt nicht vollkommen, nicht heil.« (K)

Lust der weiten Horizonte

Abendliches Gespräch in Hausmanns Wohnzimmer. In den Fensterrahmen vibrieren die Scheiben. Ein Frachter nähert sich weserabwärts. Ein ordentlicher Brocken. Das Geräusch der Maschine verstärkt sich. Groß und unwirklich schieben sich mächtige Brückenaufbauten an den dunklen Fenstervierecken vorbei. Der Hausherr löscht das Licht. Man sieht wie gebannt auf dies technische Wunderwerk, das da scheinbar zum Greifen nahe vorbeizieht. Die Positionslaternen. Lichter an den Masten und auf der Brücke. Der gewaltige Schiffsrumpf nur in schwachen Umrissen zu erkennen. Das Stampfen der schweren Diesel wird lauter, ebbt dann wieder ab. Man hört das Schlagen der Schraubenblätter.

Jetzt herrscht wieder Dunkelheit hinter den Scheiben. Nur das leise Rauschen der Sogwelle am Ufer dringt zu uns herauf.

Das Schiffserlebnis im Wohnzimmer des »Dyllenhoff« wird zum Schlüsselerlebnis. Es erklärt, warum dieses Haus dem Ruhelosen Behagen gibt, ihm, der bekennt, »in der norddeutschen Ebene nur ein wenig beheimatet« zu sein. Der in den zwanziger Jahren durch Deutschland vagabundierte, einige Jahre später durch Amerika und Kuba. Der die Weite braucht, um sein Zuhausesein genießen zu können. Einleuchtend nun seine Erklärung:

> »Dabei ahnten sie, die Freunde, noch nicht, welche Licht- und Wolkenwunder der Himmelsraum hier fast Tag für Tag bereit hält. Sie wußten auch

> nicht und konnten nicht wissen, in welchem Maße der Strom und die Schiffe mir das Gefühl gaben, mit den sieben Weltmeeren und ihre Häfen verbunden zu sein. Ihnen galt und gilt ja ein Gutteil meiner schriftstellerischen Arbeit, und zu ihnen geht ja, besonders nach den Bereichen des hohen und höchsten Nordens, nach Norwegen, Island, Spitzbergen und Grönland immer und immer wieder das Fernweh des Siebenundachtzigjährigen.« (T)

Schiffsreisen gehören zum festen Bestandteil des Jahresablaufs. Sein literarisches Selbstbildnis von 1960 faßt die beiden Pole, den Wohnsitz auf dem hohen Weserufer und die Reisen ins Nordmeer als Fixpunkte des Glücklichseins zusammen:

> »Einer, der selten glücklich ist. Etwa an einem Sommermorgen bei gelinder Sonne auf der Terrasse seines Hauses, das er sich zwischen Bremen und der See am Steilufer der Unterweser erbaut hat, wenn er auf die Jachten und Frachter heruntersieht, die langsam ihres Weges ziehn … Oder zu Beginn einer Seereise, beim Betreten des Decks über dem dieser erregende Geruch von Farbe, Tauwerk, Teakholz, Öl, Dampf und Brackwasser hängt.« (M)

Bei solcher Bewandtnis verwundert es nicht, wenn dieses Verbundensein mit dem Strom in vielfacher Brechung auch in seinem Werk sichtbar wird. Als Hintergrund für nachdenkli-

Wohnzimmer in Rönnebeck

che Gespräche etwa oder im Gedicht oder als Kulisse für dramatische Handlungen.

Bevor sich in einem Essay »Drei Stimmen« auf ein tiefsinniges Gespräch über das Spannungsverhältnis zwischen Natur und Technik einlassen, schildert der Autor die äußeren Umstände des Beisammenseins:

> »Das große, durch kleine Sprossen unterteilte Fenster zeichnet sich als dämmriges Viereck in der Dunkelheit des Zimmers ab. Draußen steht eine warme, verhangene Juninacht mit dem schwebenden Ton der Grillen, dem weichen Dudeln der Heidlerchen und dem fast unhörbaren Schlurfen und Saugen der Unterweser, die zur Nordsee zieht.«

Mit dieser Einstimmung wird der Ernst der Dialoge vorgegeben. Aber auch die Verbundenheit und Liebe zu dem, das später nur noch mit dem Synonym »Natur« belegt wird, drängt sich real und wirkmächtig in die Gedankenführung des Sprechenden.

> »Auf der Wasserfläche liegt ein leiser Widerschein des nachtfahlen Himmels. Die Schilfwälder am anderen Ufer gehen schwarz in den schwarzen Streifen des Deiches über. Dahinter verschwimmen die Marschwiesen in grauen Bodennebeln. Ein Stück stromabwärts blinkt vor einer schattenhaften Baumgruppe ein Leuchtfeuer in regelmäßigen Zwischenräumen auf: lang lang kurz ... lang lang kurz...
> Im Zimmer sitzen drei Männer, alle dem Fenster zugekehrt. Sie blicken über den Strom, haben ihre Gedanken und schweigen. Einer raucht, die beiden andern sitzen nur so da. Von Zeit zu Zeit glüht das Ende der Zigarre einen Augenblick auf und läßt ein glattrasiertes, verwittertes Gesicht erkennen, dann herrscht wieder Dunkelheit.
> In der Ferne entsteht ein Summen, das sich, wie es näher kommt, zu einem gedämpften Brausen und Schlagen verstärkt. Und nun schiebt sich ein riesenhafter Dampferschatten von links in das Fensterviereck. Die Bugwelle rauscht zu Seite, an der Back sind ein paar Fenster hell, der Vormast gleitet dahin, die Brücke mit dem grünen Steuerbordlicht, der langsam qualmende Schornstein,

> das Verladegeschirr, der achterliche Mast, das Heck, die Schraubenflügel, die triefend hochkommen und dumpf ins Wasser schlagen, dahin, vorbei und weiter wie eine geheimnisvolle Traumerscheinung. Nirgends zeigt sich ein Mensch. Man könnte glauben, das Schiff sei ein Wesen, das aus sich selbst heraus lebe mit einem unaufhaltsamen Drang zum Meere hin. Jetzt verdeckt es das Feuer dahinten, jetzt gibt es die Blinkzeichen wieder frei, jetzt nimmt es den Bug etwas herum, und jetzt taucht es in die Schwärze der fernen Uferbäume. Nur das Hecklicht flimmert noch herüber.« (E)

Der Kreis schließ sich. Im »Abel mit der Mundharmonika« formuliert der junge Hausmann 1932: »So ein Abend, dachte Peter, so ein Abend an der Weser, das lohnt sich.«

Dem Siebenundachtzigjährigen fließt das Bekenntnis zur Unterweser deutlicher aus der Feder:

> »Hier spüre ich den Atem der See und die Grenzenlosigkeit der Welt, aber zugleich den Duft der Wiesen und Wälder des freien Landes. Ich spüre die Lust der weiten Horizonte und zugleich die Wohltat einer heimatlichen Geborgenheit. Was will ich mehr?« (T)

Sommerabend

Das Siel ist und die Pappel still geworden.
Dumpfäugig lagert Kuh bei Kuh.
Mit breitem Wühlen zieht der Strom nach Norden
dem Rauch des Himmelsrandes zu.

Als könne man sie mit der Hand erreichen,
so tief schwimmt eine Wolke her
und ist verklärt von Licht, und ihres bleichen
mondhaften Lichts wird immer mehr.

Der Äther, den die Dunkelheit befeuchtet,
erlischt, der Deich, der Pappelbaum,
der Glanz des Stroms erlischt. Doch magisch leuchtet
im Blau der Nacht der Wolkentraum. (G)

Nicht die schlechteste Mischung: Bremen

Geschichtsträchtig und anregend hat er sie einmal genannt, die Hansestadt Bremen, die ihn später mit der Senatsmedaille ehren sollte. Zunächst aber glich Manfred Hausmanns Verhältnis zu Bremen eher dem Wahlspruch der Stadtmusikanten: Etwas Besseres als den Tod findest du überall!

Also warum nicht auch in Bremen!

Seine Studien in Göttingen und München hatte Hausmann 1922 mit der Promotion zum Doktor der Philosophie abgeschlossen. Sein danach entwickelter Lebensstil paßte dem gestrengen Vater absolut nicht. So wurde der Junior auf der väterlichen Mikroskop-Fabrik in Göttingen »hinausgetan« wie er es selbst formulierte.

Als Lehrling in einer Bremer Überseespedition begann er neben endlosen Zahlenkolonnen Gedichte zu schreiben. Erste Veröffentlichungen erfolgten. Seine eigentliche Entdekkung aber geschah erstaunlicherweise in Berlin. Die Umstände hätte man nicht sonderbarer erfinden können. Sie sind in der Berliner Vossischen Zeitung vom 22. November 1927 dokumentiert. Damaliger Rezensent war der Kleistpreisträger Hans Meisel. Hier die Geschichte:

Klaus Mann hatte zusammen mit dem Verleger Hans Rosenkranz dreizehn Autoren zu einer Lesung ausgewählt, darunter auch Manfred Hausmann. Der las, fühlte sich während des Vortrags zunehmend deplaziert und verließ, verwirrt und ohne Reaktionen abzuwarten, den Vortragsraum. Anderntags berichtete die Vossische Zeitung:

> »Zuletzt las ein junger Mensch mit einem feinen Asketenkopf ›Zwei Mörder grüßen das Leben‹. Nach zehn Worten horchte man auf und verspürte in sich Erregung, wie sie nur ein echter Dichter auszulösen vermag. Noch ist er ganz leidende Seele ohne Haut, ganz träumender Monologist, aber was für einer! Diese Beichte eines Gattenmörders ist von einer unheimlichen Kraft und Zartheit zugleich, jedes Wort kommt aus einer vollen Tiefe. Als es vorüber war, ist man bestürzt, daß dieser Mensch noch völlig unbekannt ist. Er heißt Manfred Hausmann.« (P)

Die weitere Entwicklung trägt nicht weniger traumhafte Züge: Einige Verlage fragten auf diese Pressenotiz hin bei Rosenkranz nach dem Wohnsitz des jungen Dichters. Der schwieg sich verabredungsgemäß darüber aus. Nur der S. Fischer Verlag wurde fündig. Gottfried Beermann-Fischer und Tutti, die Tochter Samuel Fischers, fuhren am Weyerberg vor. Sie nahmen Manfred Hausmann unter Vertrag – mit allem, was er noch schreiben würde.

Er war damit in eine Verlagsfamilie aufgenommen, die für ihre Autoren ein offenes Haus in Berlin-Grunewald, Erdenerstraße, führte. Jeder Autor war dort willkommen, als Gast am Tisch des Hauses, wie bei Opernaufführungen oder Kammerkonzerten. Samuel Fischer war ein gütiger, aufmerksamer und überaus urteilssicherer Zuhörer.

So trifft Hausmanns Einschätzung genau den Kern dieser neuen Freundschaft:

> »Es war ein bißchen so wie im Märchen. Denn so hinterwäldlerisch lebte ich nun wieder nicht, daß ich nicht begriffen hätte was es bedeutet, Verlagsgenosse zum Beispiel von Hermann Hesse, Thomas Mann und Gerhart Hauptmann zu werden. Aber mehr noch als dies Märchenhafte bewegte mich das Vertrauen, das der große Mann in Berlin zu dem kleinen Anfänger im Teufelsmoor hatte. Und als er mir dann den großzügigsten Vertrag vorlegte, den mir je ein Verleger bis auf den heutigen Tag angeboten hatte, und nach kurzer Zeit mich gar noch seiner Freundschaft würdigte, wußte ich überhaupt nicht mehr, was ich davon halten sollte.« (M)

Natürlich stärkte diese Entwicklung auch Hausmanns Verbindung zur Stadt Bremen.

Hafenstadt

Ein Schlepper quirlt den Mudd zu gelbem Schaum.
Die Trosse zittert unter seinem Zug.
Qualmfetzen trüben Mast und Ladebaum.
Und langsam folgt der ungeheure Bug,

vor dem die Möwen ohne Flügelschlag
im Aufwind schweben und die Köpfe drehn.
Da brüllt der Dampfer durch den Nachmittag
und läßt es weiß um seinen Schornstein wehn.

Wie ein Gestöber fährt der helle Schwarm
Empor und wirbelt nieder auf den Strom,
hebt sich von neuem, kreuzt den Hafenarm
und wogt um Giebel, Glockenspiel und Dom. (G)

Hausmanns Arbeitszimmer mit Blick auf die Weser

Wie seine Wahlheimat Bremen »buten un binnen« sorgfältig unterscheidet, so wuchs Hausmanns Bekanntheit außerhalb, also beim Leserkreis in deutschen Landen, wie auch innerhalb der Stadtgrenzen. Gedichte, Essays, Romane, Erzählungen erschienen in ununterbrochener Folge. Daneben Bühnenstücke, Übertragungen und Nachdichtungen aus dem Japanischen und Chinesischen. Später dann auch Theologisches. 1956 hielt er vor dem Deutschen Bundestag eine viel beachtete Rede zum Volkstrauertag.

Und »binnen«?

Mit der Stadt Bremen blieb er in steter Verbindung: Seit er ab 1927 in Worpswede lebte, stärker noch als er in Rönnebeck den »Dyllenhoff« bezog. In den zwanziger Jahren arbeitete er als Redakteur für die »Weser-Zeitung«. Nach 1945 nahm er als Feuilletonleiter des »Weser-Kuriers« an wichtiger Stelle Einfluß auf das Bremer Kulturleben.

Eine Begegnung mit dem Bremer Ehrenbürger Rudolf Alexander Schröder ergab sich zwangsläufig und blieb eine lebendige Verbindung. Es klingt neidlose Bewunderung für den Erfolg des um 20 Jahre Jüngeren an, wenn R. A. Schröder zu Hausmanns 50. Geburtstag 1948 schreibt: »... Lampioon und Abel .. sie haben doch .. ein klein wenig von einem Rattenfänger an sich, hinter dem allerhand Jungvolk herläuft, begeistert, hingerissen, ergriffen ...« (P)

Der so Geehrte schätzte den Freundesbrief. Von dieser Formulierung allerdings war er nicht sonderlich angetan. Sie schien ihm mißverständlich. Gleichwohl bescheinigte Schröder dem jüngeren Kollegen, daß ihm »die süßeste und verleitlichste aller Weisen im Blut und in der Kehle singt.«

Buten und binnen: Nachdem Manfred Hausmann 1959 mit dem Großen Verdienstkreuz der Bundesrepublik ausgezeichnet wurde, zog auch die Hansestadt nach. Der Senat verlieht ihm 1963 die Medaille für Kunst und Wissenschaft.

Der Dichter gehörte 1953 zu den Gründerjuroren der Rudolf-Alexander-Schröder-Stiftung – heute Bremer Literaturpreis.

Feierstunde zum 80. Geburtstag im Bremer Rathaus.
Zur Rechten sitzt Irmgard Hausmann, zur Linken Senator Franke.

Nächtliches Bremen

Fern entsteht und schwer ein Dampfertuten,
Schicksalsruf im Nebelnichts.
Mühlenflügel, die sich lautlos sputen,
steigen unvermutet aus den Fluten
eines geisterhaften Lichts.

Golden gläsernes Gebildet gleitet
seinen Schienenweg entlang.
Dann erklingt, aus Schwebungen bereitet,
über Dach und Dächer fortgeleitet,
eines Glockenspiels Gesang.

Aber freiheitskundig, träumend innen,
dunkel steht das Haus am Markt,
wo die Fürsten in die Zeiten sinnen,
als die Stadt im Stürzen und Gewinnen
meerdurchwogten Muts erstarkt.

Schweigen. – Den durchwehten Finsternissen
sich entringend wächst der Dom,
wachsen Türme, die der Wind zerschlissen,
Stoßen Spitzen in den ungewissen
erdentrückten Sternenstrom. (G)

»Bremen ist auf Gedeih und Verderb mit der See verbunden. Die See ist aber eine erbarmungslose Schicksalsmacht. Sie fordert von dem, der sich mit ihr einläßt, Wagemut und Größe. Wer die Forderung nicht erfüllt, geht unter. Die Lage am Strom und in Küstennähe hat Bremens Sinnen und Trachten immer wieder nach der See hin gezwungen. Ob die Stadt will oder nicht, sie muß sich zu großen und mutigen Entscheidungen verstehen. See und weltweites Denken, See und weltweites Wagen gehören zusammen. Krämergeist steht einer Hafenstadt schlecht an. Die es in Bremen zu etwas gebracht haben, sind vor jeher Männer mit einem Schuß Fernweh im Blut gewesen, das aber gebändigt wurde durch die »Gedächtigkeit«. Seefahrerwagemut in Zucht gehalten durch Bürgergedächtigkeit, Bürgergedächtigkeit zu Taten angetrieben durch Seefahrerwagemut, das ist Bremen.
In einer solchen Atmosphäre können produktive Menschen aller Art gedeihen: Kaufleute, Reeder, Schiffsbauer, Ingenieure, Politiker, Wissenschaftler, aber auch, obwohl oft das Gegenteil behauptet wird, Künstler. Wenn der Name ›Bremen‹ fällt, dann denken die meisten an Kaffee, Tabak, Wolle, Hafen, Roland, Marktplatz, Böttcherstraße, Stadtmusikanten. Daß Bremen auch musische Menschen hervorgebracht oder auch angezogen hat, ordnende, deutende, schöpferische, der Magie des Wortes, des Tones, der Farbe verfallene Men-

schen, wissen die wenigsten. Man sagt: ›Frisia non cantat‹, und läßt es dabei sein Bewenden haben. Das Unbekanntsein hängt wahrscheinlich damit zusammen, daß der Bremer das Laute nicht liebt, daß er von sich selbst kein Wesens macht und daß er es nicht schätzt, von heute auf morgen in aller Munde zu sein. Das Geschäftige und Laute gebe sich, so meint er, nur deshalb so laut und geschäftig, weil ihm die innere Wirkungskraft abgehe. Was schnell in aller Munde sei, fahre auch schnell wieder dahin. Er hat es mit dem Gründlichen, mit dem Gegründeten, das darauf angelegt ist, zu dauern und sich auch in notvollen Zeiten zu bewähren. Er löst sich nicht von der mütterlichen Landschaft, von den Weiden und Mooren, von den Dünen und Wäldern. Damit soll nicht gesagt sein, hier habe nur das Schwere und Dumpfe eine Stätte. Im Bereich des Geistes ist ja gerade das Zarte, Verhaltene, Verhangene und Scheue von Wirkung und Dauer, vielleicht von tieferer Wirkung und längerer Dauer als das Gewaltsame. Auch in Bremen wird gesungen. Und wo gesungen wird, ist auch Bremen dabei. Auf seine besondere Weise.

Das Ringen um die Freiheit des Gemeinwesens, um die Freiheit der Schiffahrt und des Handels, um die Freiheit auch des Geistes, ein Ringen, das fast immer gegen überlegene, oft sogar hoffnungslos überlegene Mächte erfolgte, hat dem bremischen Menschenschlag unverwechselbare Züge verliehen. Liebe zur Vaterstadt paart sich mit gewinnender Weltoffenheit, nüchternes Urteil mit der Freude an schönen Künsten, Einzelgängertum mit Verantwortungsgefühl für das Ganze, Verschlossenheit mit geselligem Wesen, kaufmännische Genauigkeit mit einer humorigen Toleranz, Behagen am Hauswesen mit einem Verlangen nach den sieben Weltmeeren. Alles in allem eine Mischung, die nicht zu den schlechtesten gehört.« (E)

Spiel am Gartenteich in Worpswede
mit den Söhnen Wolf und Tjark

Magische Landschaft:
Worpswede

Aus seinem literarischen Selbstbildnis 1928:

> »Das folgende Jahr hindurch thronte er auf dem Schemel einer Bremer Übersee-Spedition und machte Dollars für den Boß. Aber dortselbst mußte er immer so gräßlich früh aufstehen und so unmenschlich verwickelte Dinge in seinem Kopf ausrechnen, daß er lieber Feuilleton-Schriftleiter wurde. Derart auf den Hund gekommen, genierte er sich nicht mehr, die Geschichten und all den Tand, den er inzwischen während der Frühstückspausen und an den Sonntagen geschrieben hatten, einem Bremer Verlag anzubieten, der denn auch darauf hereinfiel.
>
> Weil er nun nicht mehr tiefer sinken konnte, tat seine Herzallerliebste das Ihre und gebar ein Söhnlein zart. Und als er genau hinguckte, waren es sogar zwei. Zwillinge gewissermaßen. Nun kam es wirklich nicht mehr darauf an. Er legte die Arbeit bei der Zeitung nieder und landstreicherte im Überschwang der neuen Freiheit so lange durch Deutschland auf und nieder, bis er das Buch »Lampioon« fertig hatte. Dann kehrte er zurück und lieh sich, weil er nicht reich genug war, um

anständig zur Miete wohnen zu können, Geld für ein eigenes Haus oben auf dem Weyerberg bei Worpswede, ebenso modern wie heiter. Ringsherum roch die Erde nach Brombeeren, Ginster, Heide, Föhren und Birken.« (M)

Auf lockere Weise verbinden sich hier Bremen und Worpswede. Ebenso leichtfüßig wird die Tatsache vermerkt, daß aus dem landstreichernden »Lampioon« nun ein seßhafter Familienvater geworden war.

Der junge Student Hausmann begegnete der Mathematikstudentin Irmgard Schmidt in Göttingen. Beide setzten ihr Studium in München fort. Die angehende Mathematikerin war die Tochter des Arztes Dr. med. Adolf Schmidt aus Osterholz-Scharmbeck. Ihr Studium fand einen unerwarteten Abschluß: Am 24. Dezember 1922 heiratete das Paar in Göttingen.

Man wohnte zunächst bei den Schwiegereltern. Als dann die Familie größer wurde – die Zwillinge Tjark und Wolf wurden 1924 geboren – verlangte die Wohnungsfrage eine dauerhafte Lösung. Worpswede kam ins Gespräch.

Die relative Nähe zu Bremen war sicher für den jungen Schriftsteller wegen des Schünemann-Verlages und der dort ansässigen Zeitungsredaktion eine wichtige Entscheidungshilfe. Ebenso mag ihn der Ort als künstlerische Begegnungsstätte neugierig gemacht haben. Vor allem aber muß es die Landschaft gewesen sein, die ihn dorthin zog und fesselte.

Mit Bewunderung und nicht ohne Bewegtheit liest man seine zahlreichen Notizen aus den Worpsweder Jahren. Ihm, der zum Schreiben die Stille suchte, wuchs aus der Landschaft

Hausmann in seinem Arbeitszimmer in Worpswede.
Eine der wenigen erhaltenen Aufnahmen aus dieser Zeit.

rund um den Weyerberg eine künstlerische Herausforderung ersten Ranges zu. Sein Sohn Tjark beschreibt das so:

> »Worpswede und der Weyerberg nahmen Manfred Hausmann gefangen. Der Dichter beschloß, hier zu wohnen, 1928 baute er am Südosthang des Hügels ein Haus. Das Wohnzimmer lag nach Süden, aus der kleinen Bibliothek schaute man nach Westen in den Garten hinaus, und vom Arbeitszimmer unterm Dach ging der Blick nach Osten über Eichenbüsche hinweg auf das Moor, unten am Steilhang lag, weiter nach Norden hin und vom Föhrenwald verdeckt, der Barkenhoff. Zum

Dorf nach Norden führte eine Allee aus jungen Linden zwischen Wald und Feldern … die baumlose Kuppe des Hügels war mit Kornfeldern bedeckt, zwischen denen sich zwei Sandwege hindurchwanden.
Dieser eine Quadratkilometer war fortan der eigentliche Lebensbereich Hausmanns, und die Stätte, von der aus er die Welt beachtete und auf der er ihre Offenbarungen empfing. Damals konnte man von der Höhe des Weyerbergs noch frei nach fast allen Richtungen Umschau halten, auf die Landschaft zwischen zwei Geesthöhenzügen: im Osten das Teufelsmoor, im Westen die Wiesen der Hammeniederung. Und mittendrin die sanft geschwungene und doch eindrucksvolle Hügelkette mit ihren Wäldern und Feldern, mit Heideflächen und Sandgruben …« (K)

Die Tagebuchnotizen des Dichters, die sein Sohn Tjark posthum unter dem Titel »Worpsweder Kalenderblätter« veröffentlichte, entstanden in ihren wesentlichen Teilen in den Jahren 1934 und 1935, einige auch später. Auf leeren Kalenderblättern mit nur 15 engen Zeilen notiert, entstanden äußerst knappe Texte. Ihre Unmittelbarkeit und Frische bewahrt ihnen zeitlose Lebendigkeit. Oft wohnt den Zeilen eine Leichtigkeit und Schwebung inne, der man noch den warmen Atem des soeben Erlebten anmerkt.

Nach Worpswede kam der junge Student zum erstenmal 1919. Er schrieb an seine Eltern:

»Weit hinaus ins herrliche Teufelsmoor bin ich gefahren. Da gehen breite Gräben hindurch, in denen das tiefschwarze Moorwasser lauert. Manchmal kommen Moorkähne mit braunen ungefügen Segeln hindurch, leer oder mit Torf beladen. Ich bin weite Strecken mit diesen Torfschiffen gefahren. Das muß man sehen, wenn so sechs oder sieben Kähne langsam durchs wolkenüberhangene, von Sonnenblicken durchleuchtete Teufelsmoor ziehen. Sehen, erleben! Das ist ja alles!« (K)

»Sehen, erleben – das ist ja alles!« Dies zufällige Briefzitat könnte wie ein Credo über den nun folgenden Impressionen stehen, in denen der Dichter das Gesehene und Erlebte spontan niederschrieb. Finden sich im Prosawerk des Dichters nicht viele Texte über dieses Gebiet, so spiegeln die folgenden Notizen um so nachhaltiger den Zauber der Landschaft rund um den Weyerberg.

»In den Vorfrühlingstagen empfindet man die tiefe und stille Verzauberung der Worpsweder Landschaft besonders eindringlich. Es will einem so vorkommen, als wären die Farben noch nie so zart, als wäre der Duft, den der Wind mit sich bringt, noch nie so leise und süß, als wäre der märchenhafte Flug der Reiher durch den Abend noch nie so feierlich gewesen wie jetzt.

Mit Tochter Bettina in Worpswede

Auf dem Berge die bereifte Saat ganz zart blaßgrün, eine noch nie gesehene Farbe. Die bereiften Baumgruppen auf dem Findorffberg ... blaßlila. Die Windfahne auf dem Worpsweder Kirchturm zeigt den gelinden Nordwind an.
Die Hammeniederung liegt im hellen, lilagrauen Nebel, der eben und glatt ist wie Wasser. Aus ihm gucken die Bäume bei Gehrkens Hütte heraus. Die Kleinbahn, die nach Osterholz-Scharmbeck fährt, ist nicht sichtbar, aber der Rauch der Lokomotive, weiß im Sonnenlicht, steigt als eine sehr lange, allmählich grauer werdende Fahne aus dem Nebel empor. Ein durchsichtiger Nebelstreif schwimmt durch die Weyermoorer Baumgruppe und um die Worpsweder Windmühle. Am Horizont die Geest in dunklem Dunst. Helle Scharmbecker Häuser. Eine Fensterscheibe blitzt.
Vier dunkle Gänse ziehen nach Süden.

Am schönsten ist die Landschaft, wenn der Vordergrund im Wolkenschatten liegt und der Hintergrund von einem zarten, graublauen, diesigen Licht erhellt wird. Die Bäume vorne, die Häuser, das Gras, die Büsche haben nur dunkle, verwischte Farben, aber hinten herrscht ein helles Blau vor, ohne Schwere, in einem unirdischen Glanz. Und das Unwirkliche wird verstärkt durch das Matte und Stumpfe des Vordergrunds, der gewöhnlich heller ist als das Ferne, während sich's jetzt gerade umgekehrt verhält. Eine neue, verklärte Welt.

Morgens gegen fünf. Durch den Nebel scheint die Sichel des Mondes. Daneben ein Stern mit unbestimmtem Schimmer. Sonst nichts zu sehen. Vor der Mondsichel treibt langsam der Nebeldampf, bald dichter, bald durchsichtiger. Stille, nur das leise Tropfen der Feuchtigkeit von den Bäumen. Unter jedem Baum eine dunkle, nasse Stelle. Die Luft ist von einem zarten, graugrünen Ton erfüllt. Eigenartiges Dämmerlicht. Die Bäume erscheinen flächig. Da und dort blinzelt ein rötliches Stallfenster. Mit einem Male rauschen die Tropfen lauter und gesammelter. Das Laub bewegt sich träge. Ein Windzug geht vorüber. Der Morgen naht.

Beim abendlichen Spaziergang ein Blick über ein geneigtes, blühendes Buchweizenfeld gegen das Moor hin, das von unregelmäßig bewegtem Nebeldampf erfüllt ist. Alles Ferne ist verhüllt. Nur die weißen Buchweizenblüten, die in der Abenddämmerung merkwürdig räumlich wirken, mit viel Luft dazwischen und dahinter der Moordampf. Weiß, Grau, Schwarz. Darüber ein feuchter Sommerhimmel.

Am Morgen nach langer Trockenheit bedeckter Himmel. Es fallen wohl auch einige Tropfen. Aber der eigentliche Regen verzögert sich noch. Der Briefträger kommt. Ich spreche mit ihm. Er geht fort. Ich gehe die Treppe hinauf. Wie ich einige Stufen erstiegen habe, erhebt sich ein Brausen und Dröhnen, ein Donnern fast, so unvermittelt, daß ich erschrocken stehen bleibe weil ich denke, es sei irgend etwas Schreckliches geschehen. Aber ich kann mir überhaupt nicht denken, was es sein könnte. Da kommt auch schon jemand den Weg von der Gartentür heruntergelaufen, die Haustür wird aufgerissen. Ich stürze hinzu. Es ist der Briefträger, völlig durchnäßt. Draußen donnert das Wasser im ungeheuren Schwall vom Himmel. ›Ich konnte keine Luft mehr kriegen‹, sagt der Briefträger. Das Wasser tost und dröhnt. Nach zwei Minuten ist es vorbei.

Ein seltsam diffuser Abendhimmel. Die Wolken ganz weich in weich mit unbestimmten Umrissen, dort dichter, dort verwehter, aber überall, auch nach unten unbeschreiblich locker und weich. Durch diese Wolkenschleier schimmert zuweilen eine matte Sonne. Wenn man vom Berg die Äcker hinab über die Hammeniederung hin gegen die Sonne blickt, kann man meinen, man sähe über eine Wasserfläche, so silbern erglänzt das Land. Es sind aber Millionen von Spinnweben, die auf den Äckern von Scholle zu Scholle und auf den Wiesen von Halm zu Halm gespannt sind. Ein sanfter, matter Glanz wie von windgetrübtem Wasser.

Abends rings um den Berg die Osterfeuer im Nebeldunst. Ein unheimliches Lohen, ein rotes Wabern der Feuer am Fuß des Berges. Später reißt der Nebel auf. Ferne Feuer, meist schon herabgebrannt. Der Südostwind trägt Brandgeruch herüber. Rauch zieht rot von den Feuern in die Nacht hinein.

Friedhof im Frühlingskeimen. Schneeglöckchen, Anemonen, Märzblümchen. Osterblumen. Ein frisches Grab. Die Hochzeitsgäste werden mit dem Wagen zum Friedhofstor gefahren. Stehen dort barhäuptig und in seidenen Kleidern und warten. Vor der Kirchentür erscheint der Pastor im Talar mit dem Kirchendiener, blickt umher und verschwindet in der Sakristei. Vom Friedhofseingang den Schulhang hinunter eine Kastanienallee, an den Zweigen dicke Knospen. Ein wenig Sonne, verwischt. Die wartenden Hochzeitsgäste spazieren zwischen den Gräbern auf und ab. Schließlich kommt das Brautpaar angefahren. Ein Mädchen mit künstlich rosa Blumen im Haar trägt den Brautschleier, zwei kleinere Mädchen streuen Blumen. Sie fangen sofort damit an. Die Braut zischelt ihnen zu, sie sollen noch etwas warten! So, jetzt! Erst am Eingang der Kirche dürfen sie streuen.

Im Föhrenwald ist ein goldener Regen niedergegangen. Auf dem regenfeuchten schwarzen Nadelboden liegen die goldenen Körner der männlichen Blütenkerzen.
Zur Zeit des höchsten Glücks, der vollsten Blüte, der schönsten Entfaltung von Gras, Blume und

Getier zieht, selig ins sich verloren, ein junges Paar über die Waldlichtung und vernichtet mit jedem Schritt eine Herrlichkeit nach der anderen.

Stürmischer Wind aus Nordosten. Wärme. Ganz stark duftend. Niemand weiß, was für ein Geruch es ist. Er muß von weither kommen. Süß und leicht.

Die Schäfchenwolken um die Sonne verdicken sich, schieben sich näher aneinander. Es scheint eine große Wolkenbank vor der Sonne zu entstehen, von der aus sich die Schäfchenwolken wie Strahlen nach allen Seiten erstrecken. Die Bäume bilden keine Masse, sondern Schicht hinter Schicht. Elstern mit schnellen Flügelschlägen, Krähen langsam rudernd.
Windstille. Der Rauch vom Barkenhoff steigt träge empor.

Leichter Neuschnee. Rosagrauer Dunst überm Moor. Nachmittagsweißer Schnee, schwarze Wälder, darüber zartester Dunst in Graublau. Später nur noch Grau mit blaßgoldenem Mond, den blaßgoldner Rauch umweht. Über dem Schnee ein unwirklich weißes Licht.

Fürchterliches Matschwetter. Der Schnee schmilzt weg, liegt aber noch breiig überall. Es nieselt. Abends die erleuchtete Kirche im Nebel; ein wunderbar geheimnisvoller Anblick. Aus den Fenstern bricht das Licht. Schlürfende Schritte vieler Menschen. Innen zwei große Kerzen auf dem Altar, zwei Tannenbäume mit Lichtern. Auf der Empore vor der Orgel Musikanten. Blasmusik. Alle Kinder drehen sich um. Zuerst mit voller Musik ›O du fröhliche‹, dann ›Eia susanni‹ mit Blockflöten und Geige. Beim Gebet versucht die siebenjährige Bettina vergebens, ihre Händchen in den Fausthandschuhen zu falten. Draußen in der Dunkelheit wandernde Laternen …

Silvesterfeier. Raketen und Feuerwerk im Nebel. Die Kinder aus dem Bett. Dann Umzug bei allen Bekannten. Überall Spaß und Theater. Auf dem Rückweg durch den Nebel Gedanken an das kommende Jahr. Hilflosigkeit, Unsicherheit, Angst.

Ein Jahr später. Silvesternacht. Erinnerung an die vorjährige Unsicherheit, die geblieben, ja, verstärkt ist. Aber nun keine Angst. Bejahung der Unsicherheit als entscheidender Faktor des Lebens.« (alle K)

Eintreffen der Weihnachtspost in Worpswede

Dämmerung

Es ist, als hätte über Fluß und Wiesen
ein wenig Rauch sich hingetragen,
so blind und leise liegt das Licht auf diesen
spätsommerlichen Nachmittagen.

Und in der Ferne, wo sonst tief verblaut
Der Wellenzug der Geest sich hob,
hat sich ein Duftglanz rosa aufgestaut
mit einem Hauch von Heliotrop.

Lautlosen Fluges gleiten Vogelschwärme
hinein und kehren lautlos wieder
und wehn wie Schleier durch die Abendwärme
und wenden jäh und sinken nieder.

Und langsam dämpft die zarte Nebelpracht
zu Grau sich ab, und mehr und mehr
erweist das Schattenhafte seine Macht
und füllt den Raum von unten her.

Und weich entsteht und sternenlos die Nacht. (G)

»Unter den Landschaften des deutschen Nordens ist vielleicht die Worpsweder die – in diesem besonderen Sinne – am meisten nördliche. Gewiß verlaufen die atmosphärischen Erscheinungen in der Gegen des Polarkreises weit großartiger als in der Worpsweder Ebene, aber hier geht alles stiller, weltferner und verhüllter zu als dort. Und nördlich bedeutet doch nicht zuletzt; verhalten, scheu, geheimnisvoll. Gewiß haben auch andere Landstriche im nördlichen Bereich des Vaterlandes Zauber des ungewissen Lichtes, aber an die Wunder Worpswedes reichen sie nicht heran.
Zwischen Bremen und der Nordsee, am Fuße des Weyerberges, der sich, zweiundfünfzig Meter hoch, aus der Weite des Teufelsmoores und der Hammeniederung erhebt, liegt die alte Moorbauernsiedlung, deren Name wie eine Sage ist. Waren es um die Jahrhundertwende vorwiegend die Maler, die den Ruhm dieser Weltverlorenheit in alle Fernen trugen, so haben sich ihnen in neuerer Zeit auch Schriftsteller, Musiker, Bildhauer und Kunsthandwerker beigesellt. Sie alle eint, unbeschadet der überaus verschiedenen künstlerischen Gesinnung, die Liebe zu dem großen, wind- und lichtüberwehten Landschaftsraum, in dem sie leben.
Es ist eine Landschaft, wie sie sich ergreifender kaum denken läßt. Zuweilen sieht sie so unscheinbar aus, daß die Besucher, die aus der lebhaften Formenwelt des Mittelgebirges oder gar der Voral-

pen nach Worpswede kommen, beim besten Willen nicht begreifen können, warum wohl so viel Aufhebens davon gemacht wird. Einfache Linien, öde Flächen, waagerecht hintereinander gelagerte duffe Streifen, diesige Horizonte, ein leerer Himmel, das ist alles. Aber dann erscheint unvermutet die Stunde, in der sie den ganzen Reichtum ihrer Farben und Fernen offenbart. Und dann ist freilich des Staunens und überwältigten Kopfschüttelns kein Ende. Wenn man ihr Geheimnis mit einem Wort andeuten soll. so muß es das Wort ›Unendlichkeit‹ sein. Eine unendliche Landschaft breitet sich unter dem Himmel hin, so durchaus und in jedem Sinne unendlich, daß es fast nicht mehr angeht, noch von einer Landschaft zu sprechen.

Anderswo stellt die Landschaft sich wirklich als Landschaft dar, als fest gegründetes Land, das ruht und herrscht. Da gibt es Bergwände, Kuppen, Schluchten, Felsen, da tun sich Wald- und Wiesentäler auf, da reiht sich Hügel an Hügel, Form an Form, Festes an Festes. Allerdings gehört auch der Himmel, der sich darüberwölbt, noch dazu. Aber eben nur ›auch noch‹, aber eben nur als ein Teil des Ganzen und nicht einmal als wichtigster.

In der Ebene um Worpswede ist es dagegen vor allen Dingen der Himmel, der seine unbedingte und unumschränkte Herrschaft ausübt, der ungeheure Luftraum, durch den Licht und Schatten,

Wolken und Winde, Regenbahnen und Schneetreiben eilen, die unfaßbare Unendlichkeit über aller Welt, seiend und auch wieder nicht seiend. Außerdem ist dann noch das Land vorhanden. Nun wohl. Aber es hängt ja nur als eine dünne, kaum handbreite Brücke zwischen den Horizonten. Man meint fast, wenn man sich nur an das Sichtbare hält, das sich da vor einem hinzieht, sie müßte, die Brücke, einstürzen, sobald man einmal ordentlich aufstampfe. Was will das bißchen Land neben dem allmächtigen Himmel bedeuten! Die Welt, das ist der unendlich schwebende Himmel. Keine Landschaft, eine Himmelschaft. Anderswo ist der landschaftlichen Erscheinung Gewißheit und Dauer verliehen. Wohl verändert sich die Beleuchtung mit dem Gang der Tageszeit und dem Hin und Her des Wetters. Aber das besagt nicht viel, denn das Beleuchtete, das der Landschaft ihren Charakter gibt, steht ja immer als dasselbe da, als Berg und Gefild, unveränderlich und schwer.

Im Worpsweder Bereich indessen, wo das flimmernde, wehende, durcheinanderspielende Licht selbst die Landschaft bildet, bleibt sich nichts auch nur einen Augenblick gleich. Es braucht nur ein Schleierwölkchen vor die Sonne zu ziehen, die Luft braucht sich nur ein wenig zu trüben oder zu erhellen, ihr Feuchtigkeitsgehalt braucht nur um einige Grade zu wachsen oder abzunehmen, gleich ändert sich auch das Licht und mit dem Licht auch

die Farben, die, hundertfältig abgeschattet, in der Weite des Äthers und auf allen Dingen schimmern, und mit den Farben auch die ganze Welt. Mag die Pariser Atmosphäre ihr leichte und kühle Silbrigkeit, die Amsterdamer ihr feuchtes schwermütiges Braun, die venezianische ihren sanften Goldton haben, das Licht, mit dem Worpswede beschenkt ist, enthält alle drei. Heute obsiegt mehr das silbrige Grau, morgen mehr der braune Dämmer und übermorgen mehr die goldene Verschleierung, und wieder ein anderes mal strömen und sickern silberne und braune und goldene Lichtwellen gleichzeitig durcheinander.
Genügt schon die geringfügigste Veränderung der Luft, um die ganze Worpsweder Welt von Grund auf umzustimmen, so ereignet sich an Tagen, die nicht geringfügige, sondern kräftige Wettereinbrüche mit sich bringen, vollends ein rasender Tumult von Weltuntergängen und neuen Weltschöpfungen. Wer einen solchen Spätherbsttag, wenn der Nordwest, der von der See herüberjagt, aufgetürmte Wolkenmassen über die Klarheit der Ebene drängt, wenn das Licht da und dort in graublauen Bahnen aus den Wolkenrissen niedergleißt und in Flecken von unwirklicher Helligkeit über Moore und Wälder hastet, wenn da und dort in der Ferne trübe, sich biegende und schwerelos zu einer Spirale sich zusammendrehende Regenstreifen herabhängen, in denen sich plötzlich ein lilasilbernes Geleucht entzündet, wenn über dem

Ehepaar Hausmann mit Bettina auf der Terrasse in Worpswede

Grün der Wiesen ein unheimlich hell glühender Regenbogen gegen das Schwarz der Wolken steht, während über ihm und unter ihm ein zweiter und dritter leise aus dem Nichts hervortritt und leise wieder vergeht, wer einen solchen bewegten Herbsttag nicht mit seinen eigenen Augen gesehen hat, kann sich kaum eine Vorstellung von den brausenden Wundern des Lichtes machen, die tagelang, wochenlang statthaben, bis die Störung vorübergezogen ist und die Gegensätze sich ausgleichen. Dann beginnt wieder die Zeit des perlmuttfarbenen Flimmerns und der seligen Verwandlungen.

Im Winter hängt über dem vereisten Land ein Licht, das womöglich noch verklärter glimmen kann als das sommerliche. Es soll weiter nicht von dem Geflirre die Rede sein, das dann in der Luft stattfindet, wenn ihre Feuchtigkeit an sonnigen Tagen in winzigen Kristallsternchen ausfriert, auch nicht von den Nebenschwaden, die totenstill über Baum und Strauch dampfen, auch nicht von den opalenen Tönen des Frostrauchs am Horizont, obwohl von diesem allem noch sehr Wunderbares zu vermelden wäre, es soll genügen, nur einmal des gleichmäßigen Wolkengraus zu gedenken, das, wenn es anderswo sich ausbreitet, so niederdrükkend wirkt und bei längerem Anhalten die Menschen zur Verzweiflung bringen kann, wohingegen es in Worpswede die Welt wieder und wieder so unirdisch und unglaubhaft dasein läßt, daß jedermann mit seiner Beschäftigung innehält und betroffen aus dem Fenster starrt. Es geschieht meist beim ersten Einfallen der Abenddämmerung, um die Stunde, die hierzulande die Uhlenflucht heißt. Bevor man noch recht weiß, wie es begonnen hat, verwandelt sich das grauliche, tote Licht unter dem Gewölk in ein sanft erblühendes Lila oder Rosa oder Violett, alles Licht, der ganze Lichtraum, in dem die Häuser und Gärten, die Föhren und Birken, die Menschen und Tiere stehen. Die Gegenstände lösen sich gleichsam auf. Sie bleiben nicht sie selbst. Sie sind nur noch Abtönungen des Lichts. Es ist, als könne man mit der Hand durch sie hindurch fassen wie durch Schatten. Man fragt sich, woher sie denn kommen mag, diese weiche

Woge, und findet keine Erklärung dafür. Am ehesten ließe sich noch denken, daß oben über den Wolken eine der gewaltigen Abendröten brennt, deren Widerschein nun vielfach gefiltert durch die Dunstschicht sinkt und die Luft zwischen Wolken und Erde zu einem matten Glühen bringt. Aber gewiß ist es nicht. So geht es fort durch die Jahreszeiten hindurch, ob Sommer oder Winter, ob Frühling oder Herbst, immer vollziehen sich die Verwandlungen. Heute schnell und gewaltsam, morgen leicht und zögernd, nichts bleibt, nichts wiederholt sich, nichts läßt sich vorauswissen in dieser unablässigen flutenden Welt. Die Welt – das ist das unendliche Licht. Keine Landschaft, eine Lichtschaft.

Anderswo lebt die Landschaft vorwiegend aus den eigenen, unmerklich sich regenden Kräften. Lediglich im Wechsel von Tag und Nacht und in den Schwankungen des Wetters deuten sich Einflüsse an, die »von draußen« kommen, ohne daß sie jedoch irgend Macht über das wuchtig Dahingelagerte gewännen.

Die Worpsweder Landschaft wird dagegen in jeder Stunde von einem Anhauch aus fremden, ja aus kosmischen Fernen überatmet und verändert. Dunkle, gleichmütige Gewalten heben sich herauf und dringen in ihre Gefüge ein und gestalten sie um. So spüren, um nur einiges wenige anzuführen, die Niederungen der Hamme und Wümme, die durch die Lesum und Weser unmittelbar mit der Nordsee in Verbindung stehen, bis in die letzten Kanäle und Schiffgräben hinein den Mondrhythmus von Ebbe und Flut. Und das Steigen und Sinken der Gewässer wirkt wiederum auf die Tier- und Pflanzenwelt fort. Selbst die Menschen können sich ihm nicht entziehen. Will in einem Bauernhaus die Geburt eines Kindes nicht recht vorangehen, dann holt die Hebamme die Zeitung her und sieht nach, wie es heute mit der Tide steht. Kommt die Flut, dann kommt auch das Kind. In der Luft treffen die beiden großen Witterungsbereiche zusammen, das Seeklima und das Binnenlandklima, und liegen beständig im Kampf miteinander. Daher wohl auch das Vermögen der durchfeuchteten und bewegten Luft, das Licht so mannigfach zu brechen. Zu ihren Zeiten donnern die Weststürme vom Atlantik mit solcher Gewalt herüber, daß es den Anschein hat, als ducke sich die ganze Landschaft verängstigt nieder. Es gibt nichts, was sich einem solchen Sturm widersetzen könnte. Er ist es, der das Regiment hat in seiner Wut, er allein. In den Winternächten wallt der Schein des Nordlichts wie durchsichtige Gaze vor den Sternbildern. Wenn eine Springflut die Wiesen überschwemmt hat, so weit das Auge sehen kann, und plötzlich Frost einfällt, dann schlägt das Eis alles in seinen Bann. Sumpfgase und Luftblasen, die aufsteigen wollten, frieren fest, graue Perlenschnüre in der glasklaren Masse. Unten in der Tiefe schwingen die Gräser und Pflanzen mit kaum merklichen, schlaftrunkenen Gebärden hin und her. Mit dem Eintreten des Tauwetters dröhnt ein Hall nach dem andern über die berstende Fläche, als würden Schüsse gelöst. Dann schieben die Schollen sich übereinander, vom Wind und von der Strömung gedrängt. Der Eisgang setzt ein, der in schlimmen Jahren die Deiche zu sprengen und die Gehöfte von ihren Wurten zu stoßen vermag. Der Sommer hat seine gnadenlosen Gewitter, die wie Heerzüge über das Land prasseln, rauchende Haustrümmer, zerspellte Bäume und erschlagenes Vieh hinter sich lassend. Dann wieder wabern Gluten und Brände stundenlang am Abendhimmel, als sollten Erde und All in dem Feuer aufgehen, und nach kurzer Dämmerung beginnt ein neues Glosten von Rot und Gelb, abermals durch Stunden hindurch, bis das Gold der Sonne siegt. Im Frühling und Herbst wehen die Schwärme der Zugvögel, vielstimmig klagend, unter der Mondsichel hin, diese Sendboten der Sehnsucht über den schweigenden Wäldern und Mooren. Dergestalt löst eins das andere ab, ein Strömen naht von fern her, ist eine Weile da und verliert sich wieder in der Ferne, und bereits kündet sich das nächste an, Woge schwingt sich in Woge, Unendlichkeit in Unendlichkeit, und das Land liegt regungslos da. Die Welt, das ist ein unendliches Strömen und Wogen des Alls. Keine Landschaft, eine Allschaft.

In diese dreifache Unendlichkeit, in die es unendlich sich öffnenden Raumes, in die des unendlich sich wandelnden Lichts und in die des unendlich hinwogenden Alls, ist die Worpsweder Landschaft, die Landschaft im engern und eigentlichen Sinne, sind alle Einzeldinge eingebettet, aus denen sie besteht: die gesammelte Wucht einer Eiche etwa, die Anmut eines Wollgrasflöckchens, die Ruhe eines baumumschatteten Strohdachhauses, das Klappstau mit dem lautlosen, seidigen Fall des Wassers, die Blumen eines Bauerngartens in ihrer gedämpften Buntheit, der hoch emporragende Schwengel eines Ziehbrunnens, die Heckenwälle um die Viehweiden draußen, die düstere Fläche eines Torfstiches, der langsame Flug eines Fischreihers durch den Abend, die schweren Bewegungen der Moorbauern bei ihrer niederkrümmenden Arbeit und die lichtumflossenen Spiele der Kinder mit den großen, hellen Augen. Unendlichkeit, alles überflutende und alles durchwebende Unendlichkeit, ist das Geheimnis der Worpsweder Landschaft.« (E)

Gedanken und Einsichten:
Spiegel des Lebens

Fortschritt hat die Gesellschaft wie eine Droge erfaßt. Sie berauscht sich an Daten, Fakten und Erfolgen. In der Tat hat der Fortschritt dem Menschen viele Annehmlichkeiten und Vorteile gebracht. Er kann das Leben leichter, schöner, ereignisreicher gestalten. Ohne Frage.

Hand in Hand mit dem Fortschritt geht die Modernität. Der Begriff des Modernen, Zeitgemäßen in der Kunst hat eine gewichtige Qualität. Kunst war zu allen Zeiten Ausdruck von Veränderungen in der Gesellschaft. Respekt also vor dem Neuen, vor der analytischen Redlichkeit, vor dem Mut zum Experiment.

Vorsicht indes vor Fehlschlüssen.

Fortschritt, so die gängige Meinung, funktioniere nicht ohne Steigerungsraten. Das führt in manchen Bereichen zu Gigantomanie, die sich schlicht als globales Denken maskiert.

Schneller – größer – weiter, heißt das auch besser? In manchen Bereichen mag das zutreffen. Soweit also, so gut. Oder auch nicht gut.

Störend in dieser gradlinigen Aufwärtsentwicklung ist eigentlich nur der Mensch. Er erweist sich als wenig kompatibel. Seine elementaren Gefühlsbereiche entziehen sich beharrlich einer Erweiterung. Für unsere emotionalen Bedürfnisse will die Formel »Schneller – größer – besser« nicht passen. Glück oder Schmerz, Liebe oder Einsamkeit, Krankheit oder Tod katapultiern auch den modernen Menschen in die gleiche Unwägbarkeit wie vor tausenden von Jahren, treiben ihn vielleicht ratsuchend zu den gleichen irrationalen Urkräften wie in Tagen der Vorzeit. Nicht zufällig steht zu Zeiten technischer Höchstleistung die Esoterik so hoch im Kurs.

Vor diesem Hintergrund wäre ernsthaft zu prüfen, wie Kunst und Kultur früherer Generationen mit menschlichen Grenzsituationen umgegangen sind. Schließlich ist die Kunst eines der erstaunlichsten Phänomene der Menschheitsgeschichte. Sie begleitet den Menschen von der Höhlenmalerei über die Venus von Wilmersdorf bis in die Neuzeit. Weder Kriege noch Katastrophen, weder Diktaturen noch innere oder äußere Not haben sie von der Seite des Menschen vertreiben können. Sie behauptet sich als Sinnbild alles Strebens nach dem Guten, nach einer Sinnfindung des Lebens im Geist.

Auf eine so geartete Kontinuität gründet sich auch Hausmanns Werk. Betrachtet man seine Ansichten und Einsichten zu komplexen Themen, wird man eines nicht erwarten dürfen: Patentlösungen.

In seinen Romanen, Erzählungen, Essays, in Briefen und Tagesnotizen hat sich der Dichter zu vielen Problemen geäußert. Man muß ihm nicht überall zustimmen. Häufig stößt der Leser eher auf unbequeme Fragen als auf gefällige Antworten. Zudem geben unterschiedliche Quellen den Zitaten wechselnde Gewichtung. Ein anderes will bedacht sein: In gut sechs Jahrzehnten dichterisch gelebter Existenz muß es zu Brüchen und Veränderungen der Denkansätze, kann es zu Widersprüchlichkeiten kommen. Eine völlig normale Sache.

Immer jedoch spürt der aufmerksame Leser den Texten ihre Redlichkeit ab. Oft bewegen sich Hausmanns Gedanken so dicht an erlebter und erlittener Lebenswirklichkeit, daß man neugierig wird zu erfahren, welche Einsichten und inneren Beweggründe ihn geleitet haben.

Die nachfolgenden Themen sind nicht zufällig gewählt. Vielmehr handelt es sich um einige Schlüsselbegriffe, die mehr oder weniger deutlich sein gesamtes Werk durchziehen. Um Kunst und Liebe, Jugend und Alter, Glück und Dankbarkeit und um die Frage nach letztgültiger Sinnfälligkeit des Lebens kreisten immer wieder seine Gedanken in Lyrik und Prosa. Daß sich dabei Meinungen und Erkenntnisse von unterschiedlicher Gewichtung, auch wohl von gegensätzlichen Positionen einstellen können, gibt den folgenden Texten ihre Würze und dialektische Spannung.

Daß Texte herausgelöst aus Zusammenhängen zitiert werden, soll ihre Aussage zu einem bestimmten Themenkreis deutlicher hervorheben. Dabei wurde sorgfältig darauf geachtet, daß keine Fehlinterpretationen entstehen können.

Dichter und Dichtung

Wer ein liebevolles und empfindsames Verhältnis zur Sprache hat, der ist noch lange nicht ein Dichter. Der Sprache wohnt im hohen Maße die Fähigkeit inne, zu verführen. Es gehört ein viel stärkerer Wille dazu, als man allgemein annimmt, gegen diese Verführung gefeit zu sein. Die Sprache geht ihren eigenen Gang, singt ihre eigene Melodie, sie dichtet sozusagen selbst – und der zarte Mensch läßt es geschehen. Solche »Gedichte« lesen sich sehr schön, die Reime schweben wohltuend hin, sie klingen so seltsam richtig. Das Niederschreiben ist überaus süß. Aber es sind keine Gedichte. Um Dichter zu sein, braucht man nicht nur diese Empfindsamkeit, sondern auch die eigene Erfülltheit, und die Geduld, vor allem beim »Austragen«, aber auch beim Formen. Die Sprache muß beherrscht werden, ohne daß ihre Schwebung, ihr Duft, ihr Melos Schaden nehmen. Das ist unvorstellbar schwierig. Es gibt ja auch nur wenige Gedichte. (K)

Sehr verehrtes Fräulein, was Sie über meine Gedichte gesagt haben, bewegt mich insofern, als ich darin Ihren bereitwilligen und teilnehmenden Sinn spüre. Die Gedichte sind aber so, wie sie eben sind. Mögen andere zustimmen oder ablehnen, es geht mich nicht an. Denn ich darf mich nicht von der dunklen Mitte lösen, aus der das Schaffen hervorgeht … auch jetzt nicht, wo es scheinbar »fertig« ist. Was ist denn fertig? Das einzelne Gedicht? Aber es steht doch im lebendigsten Zusammenhang mit allem, was vorher war, und nicht minder mit allem, was noch kommen soll. Der Dichter muß immer Dichter sein oder er ist es nie. (K)

Der Künstler muß wirklich schaffen, der von dem unbezwingbaren Verlangen erfüllt ist, die Welt im Geist zu verwandeln. Es kommt im Kunstwerk also nicht auf die Mitteilung an sondern auf die Verwandlung. (K)

Immer wieder erlebe ich es, daß die Pläne, die Dichter entwerfen, dies ungefähre Andeuten, diese improvisierte Form, mich begeistern, ja geradezu hinreißen. Und wenn ich dann das Ausgeführte lese, enttäuscht es grenzenlos. Das Leben, der Traum, die Süße, die Seele ist verlorengegangen. Übrigens ergeht es mir oft mit meinen eigenen Arbeiten nicht besser. Läßt sich die Beseelung wirklich nur auf dem Wege des Ungefähren, des Nichtwissens, der Augenblicksgnade, des Nachtwandelns erreichen? (K)

Mir ist, als begänne so Manches, Großes wie Geringes, an dem ich bislang achtlos vorübergegangen bin, mit einem Male tief und traumhaft zu leuchten. Natürlich liegt es an mir. Es liegt immer an uns. Die Dinge der Welt sind immer dieselben in ihrer unendlichen Stille. Aber wir verwandeln uns. Ich habe etwas gelernt: es kommt einzig darauf an, die Dinge, die Bilder, die Worte durchsichtig werden zu lassen. Das ist das Urgeheimnis der Kunst. Übrigens sich selbst auch. Durchsichtig werden lassen wofür? Für das innerste Licht. Das ist das Geheimnis der Kunst. (K)

Hausmann signiert

Wäre Theodor Storm in ruhiger Pflichterfüllung und zufriedenen Gemüts als Anwalt und Richter in Husum, Potsdam Heiligenstadt und wieder in Husum und zuletzt in Hademarschen umhergegangen, dann hätte er wahrscheinlich dann und wann ein paar Reime von liebenswürdiger Belanglosigkeit zu Papier gebracht und damit gut. Gedichte zu machen, wirkliche Gedichte, die um die seltsame Gebrochenheit und Verletzbarkeit des Daseins wissen, von Dingen hinter den Dingen und Empfindungen hinter den Empfindungen, wäre ihm gewiß nicht in den Sinn gekommen. Nun aber sah es in seinem Inneren ganz und gar nicht friedlich aus. (E)

Auch der zerbrechlichste und schwebendste Vers, er besonders, ist erlitten. Ein Mensch von ausgeglichener Gemütslage wird sein Lebtag nicht auf den absurden Gedanken verfallen, sich an einem Gedicht, einem wirklichen Gedicht zu versuchen. Wenn die grausame Notwendigkeit nicht vorherrscht, mag alles mögliche entstehen, ein interessantes Gerede, ein literarisches Feuerwerk, aber kein Gedicht. Wer das Leben und die inneren Zustände eines Dichters untersucht, stößt jedesmal auf Mächte, die ihn, den Dichter, an die Grenzen des Daseins drängen. dorthin, wo das Chaos und die Vernichtung lauern … (E)

Ich weiß mit der Krankheit fertig zu werden. Wirklich krank wäre ich, wenn ich nicht mehr arbeiten könnte. (Br)

Alles Große hat seine Wurzeln im Schmerz. (Br)

Für jeden Menschen, den wir einmal, so oder so, an uns gezogen haben, übernehmen wir damit eine Verantwortung. Niemand kann uns daraus entlassen, am wenigsten wir selbst. Das macht, nebenbei gesagt, das Amt des Dichters so entsetzlich schwer. Denn er zieht ja Tausende an sich und übernimmt also für Tausende eine Verantwortung. (Br)

Ein modernes Werk wird, sowie es vollendet ist, mit Notwendigkeit von Stunde zu Stunde weniger modern. Wäre Modernität ein künstlerischer Wert, dann verlöre ein modernes Kunstwerk mit dem Fortgang der Zeit unausgesetzt an qualität. Der künstlerische Rang wäre dann eine Funktion der Zeit. Jeder weiß, daß es sich nicht so verhält. Die Kunst im Kunstwerk hat Dauer. »Alle Dichtung«, sagt Rudolf Alexander Schröder, »ist ihrem höchsten Begriff nach unabhängig von der Gunst und Ungunst der Zeitläufe, von allen Trübungen des historischen oder des mythischen Bewußtseins – alle Dichtung ist eine ewige Funktion des Menschengeistes, so ewig wie seine Religion, seine Wissenschaft, seine Rechtssetzung.« (Ent)

Buch und Leser

Das Wunder des Buches ist von besonderer Art. Da hat also ein junger Mensch ein Buch erworben, einen Gedichtband zum Beispiel. Nun sitzt er in seinem Zimmer, schlägt ihn auf und beginnt zu lesen. Und da geschieht das Wunder. Eine fremde Stimme spricht zu ihm. Fremd und doch merkwürdig vertraut. Sie weiß von Dingen, die er selbst nicht zu wissen gewagt hat … Es ist nicht die Stimme eines einzelnen Menschen, die hier spricht, doch, das auch, aber es ist zugleich die Stimme von vielen, eine Stimme aus den dunkelsten Tiefen des Menschseins … und seltsamerweise ist es auch die eigene Stimme. (E)

Die ursprüngliche Bedeutung des Wortes »Lesen« ist nicht die des Lesens in einem Buch, sondern des Erntens. Das Lesen im Buch ist eine jüngere Ableitung. Wenn wir von einer Beerenlese oder Spätlese sprechen, meinen wir damit eine Beerenernte oder Späternte. Das Lesen eines Gedichts ist somit beides, ein buchstabengetreues und ein Ernten. (E)

Deshalb geht vom Buch, einfach weil es ein Buch ist, und unabhängig vom Inhalt eine einzigartige Verzauberung aus. Vielleicht macht man sich nicht immer klar, woher sie rührt. Aber sie geschieht. (E)

Das Buch verkündet die Satzungen göttlichen und menschlichen Rechts. Es überwindet die Zeit. Es trägt Geisteshelle in alle Räume der Welt. Das Buch tröstet die Leidenden und macht die Blinden sehend. Das Buch läßt die Gelähmten wandeln, wohin sie begehren. Es bewahrt den Enkeln die Sprache der Väter. Das Buch ist das Gedächtnis der Menschheit. (E)

Warum läßt man nicht auch Kinderbücher von Kindern schreiben und bebildern? An begabten Kräften herrscht kein Mangel. Unter begabten Kindern sollten aber nicht solche verstanden werden, die beinahe so schön erzählen können wie Erwachsene, sondern diese kleinen Zauberkünstler, die mit schlafwandlerischer Sicherheit imstande sind, unverfälschte, durch kein Wissen und durch keine Regeln eingeengte, unschuldsvolle, morgendliche, ahnende Darstellungen iher urkindlichen Wirklichkeit zu geben.

Vielleicht, daß die Dichter unter den Schriftstellern – denn nur Dichter kommen in Frage – dann lernen, wie Kinderbücher beschaffen sein müssen. Übrigens nicht nur Kinderbücher. In jedem Buch das eine Dichtung sein will, muß ein Anhauch von dieser Traumwelt zu spüren sein. (Ent)

Dankbarkeit

Nachdem ich zehn Tage lang krank im Bett gelegen habe, komme ich heute ins Wohnzimmer, gegen Mittag. Draußen liegt tiefer Schnee. Sonne. Das Zimmer ist hell und warm, es duftet nach Äpfeln, die auf dem Zinnteller liegen. Alles ist sauber und klar: das Cembalo, der runde Tisch mit den Büchern, die verspiegelten Glasleuchter, die norwegisch rote Trinkschale mit der Perlenkette. In der Mitte der Fensterwand steht in einer Vase ein Forsythienzweig und ein hellrosa, ein wenig nach lila hin blühender Zweig der Blutpflaume. Dies Blühen vor dem Schnee ist so wunderbar, daß mir der Atem stockt. (K)

Dank hat also etwas zu tun mit Denken, Wollen, sich verpflichtet fühlen. Dankbarkeit erblüht nicht von selbst wie eine Blume auf der Wiese, sondern sie entsteht durch Nachdenken. Ein junger Mensch nimmt die guten Gaben, die ihm zufallen, in der Regel als etwas Selbstverständliches hin und stürmt weiter fort, ohne sich viel darum zu kümmern, wer sie ihm hat zufallen lassen. Er hat die Ausgedehntheit und den Reichtum des Lebens vor sich oder glaubt, ihn vor sich zu haben. Er lebt aus der Fülle. Anders der alte, der denkende, der nachdenkende Mensch. Er hat erfahren, daß jeder Tag, ja, jede Stunde ein Geschenk darstellt, auf das er keinen Anspruch geltend machen kann. (H)

Dankbarkeit ist staunende Liebe. Und wer staunen und lieben kann, gehört zu den Gesegneten dieser Erde. (Ent)

Kunst

Ich meine, daß ein Künstler erst dann ein wirklicher Künstler ist, wenn irgend eine Schicksalsgewalt ihn zu Boden geschlagen hat. (L)

Eine Deutung von Kunstwerken als »Kunst-Werken« ist nicht möglich. Je größer ein Kunstwerk ist, je ausschließlicher es Kunstwerk ist, um so weniger läßt sich über sein Eigentliches sagen. Es ist gerade ein Zeichen der Echtheit und Lauterkeit, daß seine Aussage auf keine, absolut auf keine andere Weise vorgebracht werden kann, als durch dies Kunstwerk selbst. (E)

Warum schafft der Künstler Werke in der Welt der Sinne? Warum teilt er die Werke anderen mit? Warum immer wieder dies Mitteilen, wenn er doch tausendmal erfahren hat, daß auch der gutwilligste Andere das Eigentliche nicht versteht? Warum die Werke nicht, wenn sie schon aus der Traumwelt in die unvollkommene Realität gerissen werden müssen, für sich lassen? Es ist wohl eine tiefe Sehnsucht in jede Menschenbrust gelegt, nicht allein zu sein … Das Werk des Künstlers wird ja in der größten Einsamkeit und tiefsten Verlassenheit geschaffen. (K)

Es liegt am Tage, in welchem Maße etwa der Künstler zum Gelingen seiner Arbeit dessen bedarf, was man die »Gnade« nennt. Kein schöpferischer Mensch, ob Künstler oder Wissenschaftler, Staatsmann oder Wirtschaftsführer, kann ohne die Gnade des Einfalls, ohne diesen genialen Funken bestehen, den nicht er anschlägt, sondern ein Anderer. Ob der Funke sprühend und leuchtend einherfährt oder nicht, das ist sein Schicksal. Jemand hat gesagt, Genie sei Fleiß. Das gilt nur sehr bedingt. Auch der verbissenste Fleiß vermag die Erleuchtung nicht herbeizuzwingen. Oft genug wird sie ohne Verdienst und Würdigung geschenkt. (Ent)

Das Kunstwerk ... sollte ein Versuch sein, Unsagbares, Unfaßbares, Ungestaltbares zu beschwören. Nicht das Werk selbst, nicht die Sichtbarkeit war gemeint, sondern das Schicksal, das Unsichtbare, das Geheimnis, das an ihm und in ihm sich ahnen ließ. Nicht die Harfe, sonder der Seufzer des Windes in ihr. Nicht die Gebärde, sondern die Erregung, die sie bewirkte. Nicht die Gestalt, sondern die Dunkelheit, aus der sie emporstieg. (E)

Nie vermag der erweckte Hauch den Stein oder das Wort oder die Farbe oder den Klang gänzlich durchsichtig und schwebend zu machen. Nie wird ein Kunstwerk ganz zu Geist. Und doch ist es einem jeden ureigentümlich, ununterbrochen Geist werden zu wollen. Vom ersten Augenblick seines Lebens an kennt das Kunstwerk keine innigere Sehnsucht als die, seine Schwere und Irdischkeit vollständig in Geist aufzulösen. Und vom ersten Augenblick an ist es verdammt, unvollkommen zu bleiben. (E)

Dr. Garrelts in »Liebende leben von der Vergebung: »Aber ein ernsthafter Theologe würde mich verstehen. Überhaupt jeder Mensch, der das Leben ernst nimmt. Der Ernst beginnt nämlich genau da, wo die Kunst aufhört. Oder anders ausgedrückt: ich glaube den Künstlern ihren sogenannten Ernst nicht. Von dem letzten, tödlichen Ernst wissen sie nichts, können sie nicht wissen, sonst wären sie keine Künstler. Was an einem Kunstwerk Kunst ist, hat nicht den tödlichen Ernst. Und was den tödlichen Ernst hat, ist nicht Kunst. Der Wert oder Unwert eines Kunstwerks erweist sich nicht den Glücklichen und Gelassenen, sondern den Verzweifelten, den schwer Leidenden, den Sterbenden gegenüber. Und ich kann dir versichern, daß ein Kunstwerk dann zu nichts vergeht, während ein Blick oder eine Berührung oder ein warmes Menschenwort überaus groß und bedeutsam werden kann.« (L)

Bei dem einen sind es die Bronchien, bei dem anderen ist es das Herz, beim dritten der Magen oder das Blut oder die Haut oder das Gehirn. Irgend einen Knacks hat jeder, irgend eine Vergiftung. Es sieht so aus, als müsse der Mensch für alles bezahlen, auch für sein Künstlertum. Was sich im seelischen Bereich als Schaffensrausch und Dichterwahnsinn darstellt, wirkt sich im körperlichen Bereich als Krankheit aus. Man liest da von den merkwürdigsten Fällen. Künstlertum und Krankheit scheinen auf eine geheimnisvolle Weise miteinander verwandt zu sein. (L)

Die Romantik ist doch wohl das größte Ereignis in der deutschen Geistesgeschichte. Nie zuvor ist so kühn gedacht worden. Kühnheit ist allerdings nicht gleichbedeutend mit Richtigkeit. Aber fast alle großen Gedanken auf hundert Jahre hin sind damals entstanden. Und auf fast allen Gebieten. Neben der Größe, neben der Unendlichkeit des romantischen Weltbildes nimmt sich die Welt der Klassiker, wiewohl sie künstlerisch die vollendetere war, geradezu gering aus. Die Klassiker beharrten auf einem gewissen Gelände, das sie sich erobert hatten, umgaben sich mit Wall und Graben und befestigten den Besitz. Die Romantiker dagegen brachen immer wieder vor und stürmten ins Ungesicherte, ins Dunkelste, ins Gefährliche. (K)

Ich sah ein Bild von Paula Modersohn-Becker, fast eine Skizze nur, die Bemühung, einen gesegneten Augenblick festzuhalten: Vier Dorfkinder mit verwaschenen Kleidern in dem Schummern eines Sommerabends, Papierlaternen in den Händen. Wie die Farben, diese unsagbaren Farben zueinander standen, wie das warme Licht der Lampions noch wärmer war als die Dämmerung, wie die Gruppe von drei Kindern gegen das eine helle Mädchen ausgewogen war, wie das Haus hinten rechts und die angedeuteten Föhren hinten links den Halt gaben, wie diese Welt einen Augenblick lang vollkommen im Gleichgewicht war … (K)

Ein Kunstwerk ist aber mehr und ist etwas durchaus anderes als eine Lebenswirklichkeit. Und ein Kunstwerk muß mehr wissen, als die Wirklichkeit weiß. (Br)

Schönheit

Das Ergriffensein von etwas Neuem hängt tief mit dem Leben zusammen oder, was in diesem Zusammenhang dasselbe ist, mit dem Tod. Gewiß, das Schöne bleibt immer schön. Aber die Erschütterungen gehen doch vom Wandel aus. Vielleicht bleibt das Schöne für uns nur dann schön, wenn die Gegenstände neu werden, oder wenn wir uns wandeln und kraft unserer eigenen Vertiefung immer tiefere Einsichten in das Wesen des Schönen haben, heute, morgen und alle Tage. (K)

Dies ist mein Teil in der Welt, dachte er, dies Beiseitestehn und Entbehren und Sehnsuchthaben nach dem einen und andern, aber auch diese Melodie und dies Erschauern und daß ich vor Glück und Bangigkeit die Augen schließen und mich dehnen muß. Vielleicht verhält es sich ja so, daß eins nicht ohne das andere sein kann.

Wer die Traurigkeit nicht kennt, kennt auch die Schönheit nicht, die wirkliche Schönheit, die aus dem Dunkel hervorgeht, behangen mit Sternen. (Wd)

Also kann ein Ding oder Mensch, in dem sich nicht ein Abglanz des Jenseitigen andeutet, auch nicht schön sein. Gibt es denn Dinge oder Menschen, die ganz ohne einen solchen Abglanz wären? Wohl kaum. Mithin muß auch alles und jedes seine Schönheit haben. ... Vielleicht ist es die wichtigste Aufgabe jener Menschen, die man Künstler nennt, diese verborgenen Schönheiten, das heißt, diesen heimlichen und erschreckenden Widerschein der Ewigkeit in der Welt zu entdecken und offenbar zu machen. (Ent)

Hängt wirklich, wie gemeinhin angenommen wird, die Liebe von der Schönheit ab? Oder ergibt sich, wenn man gut und lange zusieht, etwas anderes, ergibt sich womöglich, daß umgekehrt die Liebe die Voraussetzung und das Maß für Schönheit ist? (Zw)

Es ist nicht wahr, wie der Volksmund wissen will, daß Liebe blind macht. Die Liebe macht ganz im Gegenteil hellsichtig und tiefsichtig, so tiefsichtig, daß jede noch so unbedeutende Eigenschaft des geliebten Wesens als notwendig und selbstverständlich erkannt wird ... Das Notwendige indessen, das aus innigem Einklang mit dem Geheimnis Geborene, wird immer als schön empfunden. Wer an einem geliebten Menschen noch etwas Häßliches entdeckt, liebt ihn nicht völlig. ... Gerade die berühmtesten Liebespaare waren, mit ungesegneten Augen gesehen, fast durchweg keine »schönen« Geschöpfe. Und doch hatten sie aneinander Wohlgefallen. (Zw)

Glück

Im Herbst findet ein Kind irgendwo in der Schublade eine Papierlaterne und dann erinnern sich auch andere, daß es an der Zeit ist, mit bunten Lampions umherzuwandern in der Dämmerung ... Wir gehen durch den dunkeln Föhrenwald und singen. Ich begreife noch einmal, was die Kinder dies Spiel so lieben läßt: Ein Licht zu eigen zu haben, wie wunderbar das ist. Die Welt hell machen zu können, überall, wohin man kommt. Und nun so ein verklärtes Licht. Es ist wie ein Traum. Das farbige, transparente Papier. Der bunte Schein. Das Schwebende. Das leise Beben des Lichts. Die Gefahr, wie leicht brennt alles auf. Und da sind die Gefährten, wie sie im Dunkeln dahingleiten. Das ist das Wunder, nach dem sich die Seele des Kindes unaufhörlich sehnt. (K)

Pflichten, ich nahm sie wahr, ich sorgte, wo Sorge vonnöten. Aber es braucht doch der Mensch manchmal den Anhauch des Glücks. (Sch)

Zuweilen bin ich glücklich, wie könnte es auch anders sein, aber meist bin ich ganz hilflos, auch wenn ich lache, auch wenn ich ruhig mit der Hand über mein Kinn fahre. Das wollte ich noch sagen. (La)

Das Leben der Kinder ist eine ununterbrochene Gegenwart. Und deshalb lebt das Kind im Glück. Was gestern war, bedeutet ihm nichts, und was morgen sein wird, auch nicht ... Uns dagegen, die wir durch tausend Fäden der Erinnerung mit der Vergangenheit verwoben sind, die wir unser Leben nicht führen können und nicht führen wollen, ohne die Anforderungen des morgigen Tages in Rechnung zu stellen, uns wird das eigentliche Glück nicht oder nur ganz selten geschenkt. Nur dann, wenn uns etwas durch seine Wundersamkeit oder durch seine Gewalt so völlig in den Bann zieht, daß es uns der Zeit enthebt.

Etwa der Blick über die Grenzenlosigkeit des Meeres oder das Versinken in die unendliche Traurigkeit und Süße eines langsamen Satzes von Mozart … oder die Berührung eines geliebten Menschenkindes, neben der nichts anderes gilt, oder das erschauernde Wissen um das Gehaltenwerden durch die göttliche Hand, oder schon das einfache Dastehn irgendwo ohne besonderen Anlaß, wenn die Zeit nur noch ein Rieseln ist, das in der Ferne vergeht, und man zu seiner namenlosen Beseligung und Dankbarkeit fühlt, daß man in der Welt vorhanden ist, nur dies, drei Sekunden, sechs, sieben Sekunden, länger nicht. Aber es war das Glück, das tiefe, merkwürdige Glück. (H)

Wer kennt die Glücksempfindung nicht, die einem erfüllt, wenn man ein Werk, das man bei seinem Buchhändler erstanden hat, in Händen hält? (E)

Wie ich auf Skiern den Westhang des Weyerberges hinuntergleite, der in die grenzenlose Schneefläche der Hamme übergeht, beginnt es schon zu dämmern. In der Ferne steigt der Dunst des Winterabends empor. Ich will ins Einsame hinaus … Und allmählich, während ich so dahinziehe, vergesse

Familie Hausmann mit Schneemann.
Worpswede im Kriegswinter 1941

ich alles, was hinter mir liegt. Ich habe kein Ziel. Ich denke an nichts.

Ich drehe mich um und betrachte die Spur von meinen Skiern, die sich in der Dunkelheit verliert. Wo befinde ich mich eigentlich? Ich lausche. Die dunstige Schneewelt schweigt. Nur ich bin noch vorhanden, ich ganz allein und sonst nichts mehr.

Da widerfährt es mir, daß die Zeit zunichte wird. Äonen sind ausgelöscht. Mein Wissen vergeht. Mein Blut träumt und erinnert sich uralter Dinge. Ich bin ein Mensch der Vorzeit, der unwissend und ahnungsvoll über die eisige Erde wandert. Ein ungeheures Heimweh regt sich in meiner Brust. Darum bin ich unterwegs in dieser Nacht. Mein Mund steht offen vor Verlorenheit und urtümlichem Glück.

Ich fühle die Mächte des Schicksals, die sich überall rühren. Aber ich sinne nicht darüber nach. Ich starre empor. Dahinten im Nebel zeigt sich ein Feuerbrand. Er steigt höher, eine rötliche Scheibe über der toten Welt. Ich denke: Mond, wunderbares Geschehen über mir! Weiter denke ich nichts. Ich bewege mich ruhig vorwärts. Gnade, Traum, Heimweh. Immer noch. (K)

Der Schlepper kommt längseits und führt euch die Weser hinunter der freien See entgegen. Dann sollst du einmal sehen, wie der Unrat verschwindet, wie die mürrischen Männer sich in ordentliche Seeleute verwandeln, wie aus der toten und verworrenen Riggung die lebendig, atmende, leuchtende Ordnung der Segel wird, wie sich die »Wega« blank und frei den anlaufenden Wellen entgegendrängt! Wenn du dann nicht die Zähne zusammenbeißest vor Glück und mit deinem ganzen Leibe und mit deiner ganzen Seele spürst, daß jetzt dein Leben überhaupt erst richtig anfängt, dann tust du besser, im nächsten Hafen von Bord zu gehen. (E)

Das Verlangen, von einem Kunstwerk beglückt zu werden, ist denn auch ein bürgerliches Verlangen. Es beruht auf einem Mißverständnis. Noch nie hat der Bürger, der seinem Wesen nach das Untragische, das Gesicherte, das Wirkliche lieben muß, ein Kunstwerk verstanden. (E)

Sobald der ausgestreckte Finger
das Glück berührt
ist es nicht mehr das Glück. (Aus dem Japanischen)

Auf dem Geflimmer des Ozeans segelt ein Kutter, weiter und immer weiter, bis er im Glast vergeht: Glückseligkeit. (Gelöstes Haar)

Liebe

Liebe empfängt, wenn die darbringt, und Liebe bringt dar im Empfangen. (Sch)

Vieles hat der Kronide in unseren Willen gegeben, aber die Liebe nicht. (Sch)

Immer begehrt ein Liebendes doch dem Andern das Letzte einzugestehen, das ihm irgend die Seele bewegt. Dann erweist sich jedoch die Vergeblichkeit immer des Sagens. Vieles schenkt sich im Wort, aber die Tiefe bleibt stumm. (Sch)

Herz meines Herzens: Ich liebe! Es ist die Wahrheit, ich liebe und es verlangt in der Welt einer in Liebe nach mir. (Sch)

Es dämpft meine Liebe nicht im mindesten doch – wär' es die Liebe denn sonst? – daß ein Fältchen sich hier, sich dort ein Äderchen anzeigt, eine verborgene Schrift unter dem Samt deiner Haut. (Sch)

Jedes liebende Herz ist stärker als das Schicksal. (Br)

Die Liebe kommt, ob wild oder leise wie ein Naturgeschehen über den Menschen. Er ist ihr wehrlos ausgeliefert wie sonst dem Regen, dem Sonnenschein, dem Sturm, dem Erdbeben, der Krankheit, dem Tod. Vielleicht bringt er die Kraft auf, niemanden merken zu lassen, daß dies Unwiderstehliche sich seiner bemächtigt hat. Das ist aber auch alles, was er aus eigenem Willen vermag. Die Empfindung da innen in seiner Brust lebt und schwebt ja, die Not, die süße Unruhe, die Qual, ob er will oder nicht. Und wenn er sich auf den Kopf stellt, sie ist da, sie bleibt, sie richtet ihre Verheerungen in seiner Seele an, solange es ihr beliebt. Und wiederum, wenn es ihr beliebt, schwindet sie dahin, als wäre sie nie gewesen. Eine Naturgewalt, verdammenswert, wenn sie einen Widerstrebenden anfällt, verehrungswürdig, wenn sie zwei Willige zusammenführt, erschreckend in ihrem Rasen, wunderbar in der Fülle ihrer Macht, unsagbar anmutig in ihren mannigfachen Spielen und Tänzen. (E)

»Du bist verrückt. Aber vielleicht hängt das auch damit zusammen. Bestimmt sogar, Es ist alles dieselbe Leier. Liebe, was hab ich wunder gemeint, was Liebe sei. Das Heiligste auf Erden, hieß es überall, das Glück des Glückes, die ewige Harmonie der Seelen. Und ich glaubte das alles. Ich war so dumm, daß ich es glaubte. Und dann mit einem Mal die Wirklichkeit.
Ha. Was war denn in Wirklichkeit los? fragte Abel.
Haben Sie das denn noch nicht erlebt?
Ich weiß nicht ... er ruckelte auf dem Sofa hin und her.
Sprechen Sie erstmal weiter.
Ganz was anderes. Ganz entsetzlich was anderes. Es ist von Anfang an anders, die Liebe, gar keine Harmonie und so, das ist ja der größte Unsinn. Ich muß das mal aus mir heraussprechen. Liebe, das ist direkt eine Qual, man stöhnt und kriecht hin und her ...«
(Die 17jährige Corinna in »Abel mit der Mundharmonika«)

Die Liebe richtet sich, je größer sie ist, um so eindeutiger und unbeirrbarer auf einen bestimmten Menschen. Die Lust dagegen richtet sich, je stärker sie wirkt, auf immer mehr Partner. Oder anders ausgedrückt: Je mehr Liebe jemand einem anderen einflößt, um so unersetzlicher wird er. Je mehr Lust jemand einem anderen zufügt, um so entbehrlicher wird er als Individuum. Deshalb führt die höchste Stufe der Liebe zur Vereinigung, die höchste Stufe der Lust zur Vereinsamung. Die Liebe will den Körper überwinden (das Trennende), die Lust, den Geist (das Einende), Liebe will den andern, Lust sich selbst. Liebe ist äußerste Wachheit. Lust tiefe Bewußtlosigkeit. (K)

Da höre ich, wie die Frau sagt: Werden Sie erst mal so alt wie ich! Es gibt keine Liebe. Alles nur von wegen hier, mein Schatz! Eins frißt das andere auf, Mensch und Vieh, aus Hunger, aus Langerweile, aus Liebe, alles derselbe Dreck.
Wenn einer mal abends nicht einschlafen kann, dann kommt er auf die Liebe. Kenne ich doch! Warum die Leute bloß so einen Sums darum machen? Sie auch! …
… Wie kann man so ein junges Bübele denn trösten? Was gibts denn da? Wir brauchen uns ja nichts vorzumachen, was? Ich weiß ganz gut, was Ihnen fehlt, und vielleicht hätte ich auch das Zeug dazu, Sie auf die richtige Weise zu trösten. Oder trauen Sie mir das nicht mehr zu?
Könntest von mir aus heute abend gern in mein Bett kommen, aber ich will Dich nicht unglücklich machen, verstehst Du mich? (SH)

Die beiden Liebenden am Flußufer sind einander aufgegeben. Sie werden es noch merken, wenn der Alltag mit seiner

Unerbittlichkeit nach ihnen greift. Sie haben ihre Aufgaben aneinander und ihre kleinen und großen Aufgaben an den vielen, die ihnen über den Weg kommen, ihre schwierigen, ihre oft genug unlösbar scheinenden Aufgaben. Es gibt nur eine einzige Kraft im Innern des Menschen, die imstande ist, sich solchen Aufgaben immer wieder und unbeirrt zu unterziehen: die Liebe. Nicht die sentimentale, sondern die nüchterne. Mitmensch sein bedeutet: den anderen lieben. Den andern lieben bedeutet: bei ihm sein, Zeit für ihn haben, wenn sonst keiner Zeit für ihn hat, bedeutet ihn aus seinen Verworrenheiten und Ausweglosigkeiten herauszuholen, ja zu ihm sagen trotz seiner Gleichgültigkeit, Kälte, Feindseligkeit. Den andern lieben bedeutet: in der zerstörten Schöpfung die ursprüngliche Ordnung wiederherstellen, im Grauen der Welt ein Stückchen Geborgenheit schaffen. (H)

Ich glaube nämlich, daß auch in ruhigen Zeitläuften eine Ehe nur dann bestehen kann, wenn beide Teile nie aufhören, täglich umeinander zu werben, als sei die Bindung des Hochzeitstages nicht vorhanden. Eine Ehe ist nicht etwas Bestehendes, sondern etwas unablässig Werdendes, wie denn auch der Mensch sich nicht gleich bleibt, sondern in ewiger Wandlung begriffen ist. Nur wer den Mut hat, jeden Morgen und jede Stunde gleichsam von neuem zu beginnen, kann eine Ehe führen. (E)

Liebe ist Gnade und Fluch. Alles, was Liebende tun, kann sich zum Zeichen erhöhn. (Sch)

Musik

Die panische Stunde. Ich hatte gehört, man könne Eidechsen durch Flöten verzaubern. Als am Hang neben dem Wasserbecken eine Eidechse raschelte und sich in die Sonne legte, holte ich meine Blockföte und blies Sie hob den Kopf und lauschte. (K)

Der Musiker hat es gut. Er kann das, was er zum Ausdruck bringen will, unmittelbar sagen. Denn die Musik ist das Element des Unmittelbaren, weil sie absolut ist. (K)

Die Empfindungen eines Mannes, der musikalisch wenig begabt ist, wenn er die Blockflöte bläst, nach langer Zeit wieder einmal: überwältigt von der Weichheit und Süße des Tons, überrascht immer wieder von den Melodien und den Eigenarten der Rhythmik, die sich unversehens ergeben. (K)

Es gibt so Stunden, da weiß ich vor Unruhe nicht aus noch ein. Ich gehe umher, ich lese, ich sause mit dem Rad los. Aber das hilft alles nichts. Es ist etwas da, mit dem ich nicht fertig werde. Aber ich weiß nicht, was es eigentlich ist. Ich will es auch gar nicht wissen. Ich habe Angst davor. Auf diese Weise habe ich das Spielen auf meiner Mundharmonika gelernt. Nämlich, wenn ich mich in eine Ecke setze und Musik mache … ich kann gar nicht besonders spielen, keine Spur, denken Sie das bloß nicht … aber so die verschiedenen Töne, die aus einer Mundharmonika herausströmen, die weiche Musik und wenn ich dann zufällig eine Melodie finde, die so ziehend und

Hausmusik im Kreis der Familie, Worpswede

süß ist … das tut mir dann so weh, das ist dann so süß, das ist dann wie Vergessenheit und Traum. Dann vergeht alles, was mich ängstigt. Ich träume und singe nur so vor mich hin mit meiner Harmonika. So ist das. (A)

Etwas so unendlich, wirklich unendlich Süßes und Ziehendes und Schmerzliches, wie den Beginn des Concertinos in G-Dur von Carlo Ricciotti, einem fast unbekannten Italiener aus der ersten Hälfte des 18. Jahrhunderts, hab ich noch nie in meinem Leben gehört. Dazu kam der weiche, obertonarme Klang des nach alter Art mit drei Violen, zwei Celli, einem Cembalo und einem Kontrabaß besetzten Orchesters, alle Instrumente in alter Machart und alter Mensur. Mit einemmal brach die Seligkeit auf Erden aus. Das Paradies. (K)

Daß eine große Kirche dicht gefüllt ist mit Menschen, die auf unbequemen Sitzen dreieinhalb Stunden lang ausharren, um die Matthäuspassion zu hören, tröstet mich ungemein. Es mögen einige wenige dabei gewesen sein, die des Brauches wegen hingegangen sind. Die meisten drängte aber ein tiefes, inneres Verlangen. Ich hatte lange keine Musik gehört und war gleich so bewegt, daß ich mit aller Kraft gegen ein Aufweinen angehen mußte, als der Knabenchor das »O Lamm Gottes, unschuldig« anstimmte. In dieser Passion ist ein Äußerstes an Kunst und Religiosität gegeben. (K)

Die meisten Abende standen, wie Notzeiten es mit sich bringen, im Zeichen der Überraschung. Ich erinnere mich an ein abendliches Konzert, das im Garten unter blühenden Apfelbäumen vor sich gehen mußte, weil das gastgebende Haus mit Vertriebenen belegt war. Das Scheck-Wenzinger-Quartett spielte beim Schein von Windlichtern Werke alter Meister auf Instrumenten ihrer Zeit.

Als eingangs eine Suite von Bach erklang, begannen die Vögel sich in den dunkeln Gebüschen ringsum mit ihren Stimmen zu rühren, zuerst nur zaghaft, dann aber deutlich und voller, allem voran mit dem weichen Wohllaut ihrer Tonfolge die Singdrossel. Und das Merkwürdige war, daß wir den Gesang nicht als Störung empfanden. (SP)

Im Garten

Wenn es abends oder in der Nacht geregnet hat und nun am Morgen die Sonne scheint, die Erde dampft, das Wachstum überall erfrischt sich regt, dann zu früher Stunde vor der Arbeit durch den Garten gehen, die süßen Düfte riechen, den Keimdrang beobachten, feststellen, daß die Korenelkirsche, die man schon verloren glaubte, doch noch ausschlagen wird, daß über den Bohnen der Boden aufbricht und die Triebe da sind, daß die Erdbeerblüten sich zeigen, daß die Taglilien wahrhaftig einige Zentimeter gewachsen sind ... das gibt Freude und Zuversicht über den ganzen Tag. Man meint zu spüren, wie etwas von dem Wachstumsdrang, von der Unbeirrbarkeit, von der duftenden Frische auf die eigene Person übergeht. (K)

Ein gestalteter Garten gewinnt erst dann seine ganze Schönheit, wenn das Wachstum die gewollte Gestalt verhüllt. Nicht die ordnende Kunst und nicht die natürliche Verwilderung, sondern eine gewisse Mischung aus beiden ergibt die höchste Gartenschönheit. Der Gärtner muß auf das Streben der Natur bis zu einem gewissen Grade eingehen, er muß nachgeben, er muß geradezu helfen durch seine Bepflanzung. Dann zeigen sich zuweilen Wirkungen, die nicht gewollt waren, die aber das Gewollte übertreffen. Darum ja nicht das Alte unbedingt zur Geltung bringen! Der Garten muß auch in seiner Ordnungsgestalt immer lebendig bleiben. Nur ein Gärtner, der die leisen Wünsche des Erdreichs und des Wachstums erraten, erahnen kann, wird die höchste, lebendigste Schönheit herausholen. (K)

Es ist ein tierhaftes, pflanzenhaftes Gefühl, am Mittag, wenn die Sonne auf das regenfeuchte Erdreich geschienen hat, in dieser heißen, feuchten Erde zu wühlen. Die Sehnsucht Pflanze zu sein, die Hände im Erdreich zu lassen, sich von der wärmenden Kraft durchströmen zu lassen, Traum, Schlaf zu werden. (K)

Wir sitzen mit unseren Gästen auf der Terrasse. Das Gespräch plätschert so dahin. Es ist ein dunstiger, milder Nachsommerabend. Die Grillen zirpen unermüdlich. Kein Mond. Die Dunkelheit wird immer tiefer. Da öffnet sich unversehens der Himmel. Ich erkenne es daran, daß mit einem Male die Milchstraße schimmernd sichtbar wird, und daß die Sterne dort wunderbar klar flimmern. Die ganze Unendlichkeit des Himmels ist über uns. Und da schäme ich mich über das Gespräch, das wir führen. (K)

Bauerngarten im Herbst. Der Apfelbaum voller Früchte hat sich unter der Last der Jahre geneigt. Eine krumme Stütze bewahrt ihn vor dem gänzlichen Umsinken. Dahinter das Haus mit rötlichen Ziegelmauern und hellblau gestrichenem Balken. Moos auf dem Dach. Grasflächen und Blumenrabatten mit Goldraute, Zinnien, Astern, Ringelblumen, Phlox, Rosenstöcken und Buchsbaum. Unter einer Trauerweide bildet ein Lattengestell eine Laube. Im Grase Äpfel und Wespen. Über dem Garten die Jahre wie Schicksal. Die Sehnsüchte der Hausbewohner nehmen im Garten Gestalt an. (K)

Im Garten am Worpsweder Haus

Während ich am Gartenhang arbeite, setzt sich eine große Libelle von auffallend heller Farbe neben mir auf einen Berberitzenzweig. Gleich darauf fliegt sie wieder weiter, fängt im Fluge Mücken und umschwirrt mich mit leisem Rascheln. Ich hebe meine Hand hoch, sie läßt sich auf meinem leicht gekrümmten Zeigefinger nieder. Die Augen schimmern wunderbar matt und gebrochen. Eine so helle Libelle habe ich noch nie gesehen. (K)

Spiel

Warum spielt der Mensch? Warum überkommt den vernünftigen Menschen die Lust, einmal unvernünftig zu sein?

An dieser Frage haben schon viele und bedeutende Geister ihren Tiefsinn erprobt. Um nur einen zu nennen: Friedrich Schiller. Er schreibt: »Denn, um es endlich einmal herauszusagen, der Mensch spielt nur, wo er in voller Bedeutung des Wortes Mensch ist, und er ist nur da ganz Mensch, wo er spielt.«

Wir sind nur allzusehr geneigt, wir Abendländer zumal, den spielenden Menschen nicht für voll zu nehmen. Der Mensch, das ist für uns zunächst einmal der werkende und wirkende Mensch, der nützliche Werte schafft. Aber es soll nun niemand von uns verlangen, im Spiel den eigentlichen Sinn des Menschseins zu sehen. Kinder, nun, die spielen, deswegen sind sie ja Kinder. Und wenn ein reifer Mensch spielt, dann spielt im Grunde nicht er, sondern das Kind in ihm. Dementsprechend ist sein Spiel dann auch zu bewerten. (GF)

Im Spiel, das Wort in seiner ausgedehntesten Bedeutung verstanden, durchbricht der Mensch den Bann der Knechtschaft, mit dem seine Waffen, Geräte und Maschinen ihn belegen. (GF)

Es gibt nichts Zweckhaftes, dessen sich der Spieltrieb des Menschen … nicht bemächtigt hätte. Der mit den dämonischen Gewalten seiner Welt spielende Mensch ist endgültig der freie Mensch … Absichtslos im Segelflugzeug durch das

Goldgespinst des Äthers dahinzugleiten, zu fliegen, nur um des Fliegens willen ... das ist Menschlichkeit und Freiheit in einem. Der spielende Mensch ist zugleich der triumphierende Mensch. Das Spiel gehört ebenso zu ihm, wie der Wille, sich die Schöpfung untertan zu machen. (GF)

Spiegel des Lebens: auch das Spiel auf dem Rasen schwebt in der erregenden Ungewißheit ... die Zweiundzwanzig sind gute Kameraden, man sieht technische Spritzigkeiten, Tore, die einem den Herzschlag stocken lassen. Und ein anderes Mal geht es zu, als habe der Teufel seine Hand dazwischen. Der Schiedsrichter zerpfeift das Spiel, die Gemüter sind gereizt, die Kombinationen wirken zerfahren, selbst der Ball scheint schlecht gelaunt und an dem Tor, das endlich fällt, hat niemand eine rechte Freude. Der Rhythmus des Lebens kennt kein Warum ... Wir leben in Zeiten, in denen sich die Bindungen lösen, der Mut zur persönlichen Verantwortung schwindet. Darum ist es dreimal gut, daß es die sportliche Ordnung des Fußballspiels gibt, die noch etwas weiß von der Zucht der Freiheit. ... Wer sich auf dem Fußballfeld bewegt muß wissen, daß er für die Vielen, die den Platz umsäumen, ein Vorbild ist oder sein kann. Und je meisterhafter er spielt, um so stärker ist die erzieherische Wirkung. ... Das Meisterliche, das in der harten und festlichen Stunde des Wettspiels von einem Einzelnen oder von der ganzen Elf vollbracht wird, lebt im Alltag Unzähliger fort. Der Spieler will gewiß den Sieg, aber nicht den Sieg einzig und allein, nicht um jeden Preis. Er will auch das, was nicht unmittelbar zur Erringung des Sieges vonnöten ist ... und was eine Niederlage zu einem heimlichen Sieg machen kann: Menschlichkeit. (GF)

Älter werden

Unmerklich reiht sich Tag an Tag.
So bist du entstanden,
Vergangenheit.
(Aus dem Japanischen)

Alles was mir begegnet, ist unerwartet und neu, ich selbst bin neu. Ich bin ein Kind mit aufgerissenen Augen und ungeschickten Händen, ich lasse mich von allem überraschen. Und das Neue, das sich mir da entgegenhebt, das ist Abenteuer, es ist die Gnade, es ist die Verlockung zum Leben … (La)

Wir sind übrigens alle unterwegs, du auch, sag, was du willst, du auch. Aber manche von uns haben ein Ziel. Jeden Tag haben sie ein Ziel, einmal ein kleines, einmal ein großes, und sie legen sich Entbehrungen auf und blicken nicht rechts noch links, bis sie ihr Ziel erreicht haben. Und dann? Nichts … (La)

Am Ende singt die Feldgrille.
Und doch ist ihr Leben so kurz.
(Aus dem Japanischen)

Mit der ganzen Sprachkunst, die ihm zu Gebote steht, preist er in fast hymnischen Melodien die Herrlichkeit und Gewalt des Lebens und das unerhörte Wunder des Menschseins. (Über den Dichter Knut Hamsun; P)

Auf der Terrasse des »Dyllenhoff«

Irgendwann fühlt jeder Mensch einmal in einer schicksalshaften Stunde, wenn er sich ganz der grüblerischen Unruhe seiner Natur zu überantworten wagt, daß er unfähig ist, das Leben in seiner tiefsten Tiefe zu bewältigen. Irgendwann wird ihm, während einiger mühsamer Atemzüge deutlich, daß diese Welt, daß er selbst unter dem Rätselschatten des Todes steht … (E)

Beim Ablauf eines Menschenlebens liegen die Dinge nicht viel anders als beim Vergehen einer Viertelstunde. Für einen jungen Menschen bedeutet die Spanne eines Jahres eine Art von Unabsehbarkeit, während man im Alter meint, das Jahr neige sich, kaum daß es recht begonnen habe, schon wieder seinem Ende zu. Die Jugend hat eben ein anderes Zeitgefühl als das Alter. Darum trägt der junge Mensch keine Bedenken, seine Zeit zu verschwenden, während der ältere sie nutzt, darum achtet der Junge sie gering, während der Ältere sie ehrt. Was früher ein Tand war, weil es einem in Hülle und Fülle zur Verfügung stand, ist nun, weil man viel zu wenig davon besitzt, zu etwas Wertvollem geworden. Eins der gnadenreichsten Geschenke, die dem Alter gewährt werden, besteht im immer tieferen Wissen um den hohen Wert der Zeit. (H)

Das Wesentliche des Altseins besteht nicht in der Tatsache, daß man sechs, sieben oder mehr Jahrzehnte hinter sich gebracht hat. Das Wesentliche ist die Dankbarkeit. Die Dankbarkeit auch für die schweren und dunklen Stunden. In ihnen können tiefere Geheimnisse verborgen sein als in den leichten und hellen. (E)

Aus dem Selbstbildnis 1932:
So gehe ich auf der Erde umher, hilflos und ohne Hoffnung. Zwar werden mir immer wieder Erlebnisse geschenkt, die mich durch ihren Wahnsinn und durch ihre Süße überwältigen. Aber wenn ich über sie nachdenke, verflüchtigen sie sich. Sie sind wie nichts. Was ich weiß, ist ein Nichts. Ein Kind kann mich durch beharrliches Fragen schnell ans Ende meiner Weisheit bringen. Ich glaube an nichts. Vielmehr glaube ich an meinen Unglauben, obgleich nicht einmal das sicher ist. Wenn ich einen Bleistift in der Hand habe und ein Blatt Papier vor mir, dann merke ich, daß ich doch nicht so recht an diesen meinen Unglauben glaube. Ich glaube an nichts, aber nicht an das Nichts. So ungefähr sieht es in mir aus. (M)

Aus dem Selbstbildnis 1960:
Nach einer unruhigen Jugend als Soldat, Student, Dramaturg, Kaufmann, Redakteur und Landfahrer begann er zu schreiben. Anfangs, um sich des wilden Lebens ringsum durch die Ordnungen der Sprache zu bemächtigen, später, um die Vordergründigkeit der Welt durchsichtig zu machen, und heute, um der Verkündigung zu dienen. Dabei erhebt sich immer wieder und immer drohender die Frage, ob eine Verkündigung unmittelbar oder mittelbar durch Kunst nicht nur ein Widerspruch in sich, sondern geradezu ein lästerliches Unterfangen sei, daß sich anmaßt, eine Welt der Ordnung und der Bewahrtheit der rätselhaften und gebrochenen Schöpfung Gottes gegenüberzustellen. Manchmal glaubt er, eine rettende Antwort zu wissen.
Aber eben nur manchmal. In der Regel ist er sich klar darüber, daß er diese bekenntnishaften Gedichte, Erzählungen, Dra-

men und Betrachtungen, die ihm so sehr am Herzen liegen, eigentlich nicht schreiben dürfte, wenigstens nicht so. Dennoch schreibt er sie. Wie er denn sein ganzes Leben im Gegensatz zu seinen Einsichten geführt hat und wohl auch weiterhin führen wird. Es hängt mit dem Vertrauen zusammen. Vertrauen ist tiefer als Einsicht. (M)

Aus dem Selbstbildnis 1968:
Als ich jung war, wirkte vieles bestimmend auf mich ein, aber eines nicht: der Tod. Mein Leben werde, so fühlte ich, so benahm ich mich, ins Unabsehbare fortgehen. Natürlich wußte ich, wenn ich nachdachte, daß ich einmal sterben müsse. Aber das lag noch in weiter Ferne und hatte keine Wirklichkeit. Zunächst war etwas anderes an der Reihe, das Leben. Nicht einmal in großen Gefahren, in Krankheiten oder in Schlachten des Ersten Weltkrieges gewann der Tod Macht über mein Fühlen. Ich war zu jedem Wagnis bereit, weil ich darauf vertraute, daß ich leben würde. Wohl kannte ich die Angst vor dem körperlichen oder geistigen Versagen in einer entscheidenden Stunde, die Angst, den Sinn des Lebens zu verfehlen, die schreckliche Angst vor dem Anblick von etwas Gräßlichem, etwa von einer zerstörten Menschengestalt. Aber nicht die Angst vor dem Tod. Nicht weil ich so tapfer gewesen wäre, sondern weil der Tod einfach nicht in Betracht kam.

Das war die Zeit der Jugend.

Jetzt bin ich alt. Und die Angst vor dem Tode hat sich immer noch nicht eingestellt. Aber der Gedanke an den Tod, das Bedenken des Endes, spielt nun eine große Rolle in meiner Lebensführung. Das und das werde ich wahrscheinlich und dies und jenes bestimmt nicht mehr erleben. Und ich wäre doch so gern noch dabei. Schade! Zu dieser Arbeit, die ich mir für eine gute Zeit aufgehoben habe, werde ich nicht mehr kommen. Schade! Jenes Unternehmen werde ich körperlich nicht mehr leisten können. Schade! Keine Angst, aber ein Bedauern.

Ich habe noch zu so vielem Lust.

Die Schönheit der Welt will mir schöner, das Dunkel freilich auch dunkler vorkommen als je.

Ich bin nicht lebenssatt. Durchaus nicht. Aber ich bin, wenn ich an die letzte Stunde denke, getrost. Was mir auch zustößt, einer weiß, warum es gerade so und nicht anders geschieht. Und wenn ich die Hand des liebsten Menschen loslassen, und »es« allein abmachen muß, werde ich doch nicht verlassen sein. Ich weiß mich geborgen, soweit menschliche Anfälligkeit sich geborgen wissen kann. Die Ängste allerdings sind geblieben. Und eine neue hat sich den alten zugesellt, die Angst, den Menschen, mit denen ich umgehe, zu wenig Liebe gezeigt zu haben. Liebe ist etwas sehr Schweres. Versäumte Liebe läßt sich nicht nachholen. Vielleicht gibt das Wissen um die Unnachholbarkeit der versäumten Liebe einen Vorgeschmack der Hölle. (M)

Das Leben ist ein Wunder, trotz allem. (Ent)

Der Mensch vor Gott

Keine Wahrheit vermag, auch die kleinste nicht ohne Liebe zu existieren. Wer nicht liebt, kann nicht wahr sein. (Ent)

Mit Worten kann man sich höchstens ein wenig näher herantasten, kann man höchsten einen Schleier zur Seite schieben und einen Ausblick freigeben. Mehr nicht. (E)

Irgend etwas fragt aus der Natur, aus dem blinden, sinnvoll-sinnlosen Weben und Walten. Es fragt und fragt mit stummer Eindringlichkeit. Was fragt? Wer fragt? In der rätselhaften Stummheit der Natur lauert etwas Schicksalhaftes. Wer schickt das Schicksal? Wer bereitet die Rätsel? Wer fragt die Schicksalsfrage durch die Natur hindurch? Ich will damit andeuten, daß hinter der Natur etwas Geistiges mächtig sein muß. Aber ein radikal anderer als der Menschengeist. Ein ewiger Geist. Der Geist des Ewigen. (E)

Auch die höchste Liebe, deren das Herz fähig ist, sieht sich außerstande, die Einsamkeit, die sich um jeden Menschen breitet, zu durchbrechen. Das gilt es zunächst einmal zu erkennen und zu bekennen. Und weiter gilt es zu bekennen, daß Menschentum nicht Menschentum ist, wenn es nicht im wunderlichen Widersinn dennoch die Kraft zum Glauben findet. (P)

Wo auch immer und wie auch immer der Mensch die Wirklichkeit angeht, er wird jedesmal zu allererst in unentwirrbare Rätsel verstrickt.

Die Antwort auf die Rätselfragen kann nicht aus der Wirklichkeit, auch nicht aus der Sternenwirklichkeit kommen, wie denn kein Ding imstande ist, sich selbst aus sich selbst zu erklären, sie kann nur aus dem Bereich des ganz anderen, aus dem Jenseits, aus der Ewigkeit herüberklingen. (E)

Rücksichtsloses Fragen führt unbedingt zur Verzweiflung. Ohne Verzweiflung kann der Mensch aber kein wirkliches Verlangen, kein lechzendes, letztes Verlangen nach Gott haben. Ohne Verzweiflung kann er nicht glauben. (E)

Das allein bedeutet Glauben, buchstäblich keinen Boden mehr unter den Füßen und keine Kraft in sich selbst zu haben und dennoch zu vertrauen. (E)

Man braucht nicht unbedingt in ein Kloster mit Kreuzgang, Kirche und Mauerwerk zu gehen, man kann mitten im Getümmel einer Großstadt zwischen Autobussen, Lichtspielhäusern und Zeitungsverkäufern in der Kühle und Klarheit eines Klosters leben. (F)

Nur so, Gott als Subjekt und der Mensch als Objekt, können Gott und Mensch miteinander in Verbindung treten. Nie ... läßt sich das Verhältnis umkehren. Gott ist immer der Erkennende, der Handelnde, der Herr, und der Mensch immer der Erkannte, der Behandelte, der Überwältigte.
Glaube ist Ergriffensein und Verwandeltsein von Gott. (Z)

Gläubigsein, Christsein bekundet sich unter anderem darin, daß der Gläubige es mit seinen Alltagspflichten besonders genau nimmt. (Z)

Die paradoxe Natur des Glaubens: Der Mensch, der in der Sicherheit seines Glaubens lebt, der meint, er hätte Gott, und der sich Gott damit wesensgleich dünkt, ein solcher lebt in Wahrheit in der größten Gottesferne. Der andere dagegen, der Verzweifelte, der zu seinem Entsetzen und zu seiner Verzweiflung dessen innewird, daß es unmöglich ist, Gottes je habhaft zu werden, ... er bleibt geöffnet für Gottes Walten. Er ist Gott so nahe, wie ein Mensch ihm nur sein kann. (K)

Es kommt heute nicht darauf an, Kunst im strengen Sinne zu schaffen, sondern den verstörten und zerstörten Menschen dazu zu bringen, sich des göttlichen Ursprungs der ganzen Schöpfung und seiner selbst bewußt zu werden. (E)

Weil jedes ursprüngliche Wort, jedes Dichterwort Wort vom Worte ist, von jenem Wort, dessen Schöpfermacht die Welt aus dem Nichts ins Sein gerufen hat. Ob es sich um kleine, zarte hauchartige Worte oder um gewaltige, erschütternde, prophetische Donnerworte handelt – sie alle leben von dem Wort »Es werde!« (P)

Der wirkliche Mensch kennt keine allgemeingültigen, zu jedem Zeitpunkt anwendbaren Richtlinien für sein Tun. Er muß sich in jedem einzelnen Fall und in jedem einzelnen Augenblick neu entscheiden, auf eigene Gefahr und im Bewußtsein seiner unabdingbaren Verantwortung für das Ganze, er selbst. Der Christ nennt eine solche einsame, lebendige Entscheidung, bei der es nicht um ein Wissen, sondern um ein Sein geht, eine Glaubensentscheidung, eine Entscheidung vor dem Angesicht des Höchsten. (Z)

Seit 1968 wirkte der Dichter auch als Ältestenprediger

Ich glaube, daß von mir, wenn ich einmal alles abstreife, was ich ererbt, gelernt, nachempfunden oder mir sonstwie angeeignet habe, alles, was ich nicht mir, sondern den Menschen meiner Umgebung und dem sogenannten Zeitgeist verdanke, ich glaube, daß dann von mir nichts übrigbleibt als ein hilfloses Wesen, das einsam, schuldbewußt und gnadenbedürftig vor den richtenden Augen des Ewigen steht, der es erschaffen hat. Das ist wichtig. Wie jedem anderen Menschen, so hat er auch mir seinen Odem eingehaucht. Wenn ich wüßte, wer ich zutiefst und zuwahrst bin, wüßte ich auch, wer Gott ist. Oder andersherum gesagt: Da ich nie imstande bin, Gottes Wesenheit zu fassen, kann ich auch nie wissen, wer ich bin. Bis zum Ende der Tage. Dann freilich wird alles anders. (M)

Die Vergebung ist eins von den großen Geheimnissen, die sich zwischen Mensch und Mensch und zwischen Gott und Mensch ereignen. Vielleicht sogar das größte. Es handelt sich dabei um etwas anderes, als um ein Nicht-mehr-böse-sein oder um ein Vergessen einer Kränkung oder um ein Sichhinwegsetzen über eine schlechte Eigenschaft um der guten willen. Vergebung bezieht sich überhaupt nicht auf einzelne Taten und Eigenschaften, sondern auf den ganzen Menschen. (M)

Macht euch die Erde untertan, das heißt: laßt euch nicht von der Schöpfung überwältigen, erhebt euch über das Kleinste und über das Größte, auch über die Atome und über die Fernen des Weltalls, die gleichfalls Schöpfung sind, erhebt euch über sie und meistert sie!

Niemals wieder ist dem Menschen eine so atemraubende Ehre angetan und gleichzeitig eine so ungeheure Last aufgebürdet worden wie mit diesem Befehl am ersten Tag seines Daseins. Ehre und Last, Last und Ehre haben sich durch die Fortschritte der Erkenntnis und der Technik im Verlauf der Jahrtausende nicht vermindert, sondern vervielfacht.

Vervielfacht hat sich aber auch die Gefahr, daß der Mensch den Befehl mißversteht. Wenn er zwischen Subjekt und Objekt, zwischen dem Geber und dem Hörer des Befehls nicht mehr zu unterscheiden weiß und sich selbst absolut setzt, dann steigert er sich in eine Hybris hinein, die nur in einer Katastrophe enden kann. Die Geschichte vom Turm zu Babel, den die Werkleute, um sich einen Namen zu machen, bis an den Himmel hinaufführen wollten, veranschaulicht, wie das zu verstehen ist. (E)

Ein erschütternder Augenblick im Ablauf der Weltgeschichte: der römische Politiker Pilatus, ein Zweifler durch und durch, wie es sich für einen zivilisierten Menschen gehört, sagt wegwerfend: »Was ist Wahrheit?« Dabei steht die Wahrheit schweigend vor ihm und sieht ihn an. Aber er bemerkt sie nicht. Er kann sie auch nicht bemerken und noch weniger begreifen. Ihn hindert dieselbe Bewandtnis am Bemerken und Begreifen, die auch uns daran hindert, biblische Darstellungen so zu sehen, wie sie gesehen werden wollen: die gradlinige, vernunftgemäße Denkweise des griechisch-römischen Geistes, auf der unser gesamtes Bildungswesen beruht.

Sie hat staunenswerte Leistungen vollbacht im Aufhellen, Erkennen und Bewältigen der Welt durch nahezu zwei Jahrtausende hindurch und feiert ihre letzten oder vorletzten Triumphe in der modernen Wissenschaft.

Sie für die einzige Betrachtungsweise zu halten ... ist eine Anmaßung oder eine Torheit oder beides. Wenigstens die Früchte dieser Anschauungs- und Denkweise sollten stutzig machen: die Katastrophendrohung über der Welt, die damit verbundene offenbare oder verborgene Angst vor Morgen, die wachsende Sucht, sich mit den verschiedensten Mitteln und Methoden zu betäuben, das Grauen vor dem Alleinsein und vor dem Sichbesinnen und die unaufhaltsame Verödung des menschlichen Herzens. (M)

Was der Mensch auch angreift, es wird immer Sünde. Ganz gleich, ob dieser Mensch Künstler oder Pfarrer oder Schuster oder Fernfahrer ist. Der Christ weiß es und wagt es dennoch. Gerade darin besteht sein Christentum, daß er es wagt. (E)

Nach wie vor besteht die menschliche Gesellschaft. Nach wie vor dauert die Zusammenarbeit der Menschen fort, nicht schlechter und nicht besser als früher. Und das ist nur möglich, weil es immer noch Menschen gibt, die nicht aufgehört haben einander zu dienen. Wäre der Wille zum Dienen nicht mehr vorhanden, wäre der Mensch nicht so angelegt, daß er mehr tut, als die Pflicht von ihm verlangt … dann müßte die Menschenwelt unaufhaltsam zugrunde gehen. (E)

Die Unordnung, die allenthalben in der Welt waltet, kann nur dann zu einer Ordnung werden, wenn Gott die vom Menschen – einst und heute noch tagtäglich – gewollte und vollzogene Absonderung von ihm, die Sünde, durch ein Wunder aufhebt. (E)

Keine Wahrheit vermag, auch die kleinste nicht, ohne Liebe zu existieren. Wer nicht liebt, kann nicht wahr sein. (E)

Quellen

A	=	Abel mit der Mundharmonika
Br.	=	Briefe
E	=	Einer muß wachen
F	=	Fischbecker Wandteppich
G	=	Die Gedichte
GF	=	Gedanken über das Fußballspiel
Ent	=	Die Entscheidung
H	=	Hinter den Dingen
L	=	Liebende leben von der Vergebung
La	=	Lampioon
M	=	Kreise um eine Mitte
P	=	Presse-Notiz
Sch	=	Der golddurchwirkte Schleier
SH	=	Salut gen Himmel
SP	=	Spiegel der Erinnerung
T	=	Tonträger-Text
Wd	=	Was dir nicht angehört
Zw	=	Zwei unter Millionen
Z	=	Tröstliche Zeichen

Alle erschienen in der lieferbaren, 20bändigen Gesamtausgabe des S. Fischer Verlages, Frankfurt am Main

K	=	Worpsweder Kalenderblätter, posthum von Tjark Hausmann, Worpsweder Verlag 1990

Biographie

10.9.1898	geboren in Kassel
1916	Notabitur in Göttingen
1919-22	Studium, in Göttingen, München, Heidelberg
1922	Promotion zum Doktor der Philosophie in München
1923/24	Kaufmannslehre in Bremen
1925/26	Feuilleton-Redakteur bei der »Weser-Zeitung«
1926	Wanderung quer durch Deutschland, um Stoff für seinen Roman »Lampioon« zu sammeln
ab 1926	freier Schriftsteller in Worpswede
1929	im Auftrag der »Kölnischen Zeitung« als Reiseberichterstatter nach Amerika und Kuba
1945-52	Schriftleiter am »Weser-Kurier«
seit 1950	Wohnsitz in Bremen-Rönnebeck
seit 1952	wieder freier Schriftsteller
1968-81	ordinierter Ältestenprediger der Ev.-reformierten Gemeinde Rönnebeck-Farge
6.8.1986	im Alter von 87 Jahren verstorben

Für seine schriftstellerische Arbeit wurden Manfred Hausmann zahlreiche Ehrungen zuteil. Unter anderem erhielt er:

1955	den Kogge-Ring
1958	die Medaille für Kunst und Wissenschaft der Stadt Bremen
1970	das Große Bundesverdienstkreuz
1969	den Konrad-Adenauer-Preis der Deutschland-Stiftung
1973	die Ehrenplakette der Humboldt-Gesellschaft

Literatur

Gesamtausgabe

Manfred Hausmann. Gesammelte Werke. Vom Autor durchgesehene Ausgabe. Frankfurt/M., S. Fischer Verlag, 1983ff.

Bd. 1 Lampioon. Abenteuer eines Wanderers.

Bd. 2 Abschied von der Jugend. Roman.

Bd. 3 Stern im dunklen Strom. Roman.

Bd. 4 Salut gen Himmel, Roman.

Bd. 5 Abel mit der Mundharmonika. Roman.

Bd. 6 Liebende leben von der Vergebung. Roman.

Bd. 7 Mitternachtssonne. Erzählungen.

Bd. 8 Der schwarze Tag. Erzählungen aus den Jahren 1922–1934.

Bd. 9 Quartier bei Magelone. Erzählungen aus den Jahren 1935–1955.

Bd. 10 Was dir nicht angehört. Erzählungen aus den Jahren 1956–1977.

Bd. 11 Nachtwache. Alte Musik. Füreinander. Gedichte aus den Jahren 1922–1946.

Bd. 12 Unterwegs. Altmodische Liebe. Bittersüß aus dunklem Krug. Gedichte aus den Jahren 1947–1982.

Bd. 13 Zwischen Schlaf und Traum. Nachdichtungen aus dem Hebräischen, Griechischen und Eskimoischen.

Bd. 14 Los des Lebens. Nachdichtungen aus dem Japanischen und Chinesischen.

Bd. 15 Wege und Umwege. Betrachtungen.

Bd. 16 Zwiesprache. Begegnungen mit dem Wort und mit großen Leuten.

Bd. 17 Das Unerwartete. Städte und Landschaften.

Bd. 18 Kleine Liebe zu Amerika. Reisebericht.

Bd. 19 Welt und Gegenwelt. Bildmeditationen.

Bd. 20 Der dunkle Reigen. Theaterstücke.

Romane und Erzählungen

Abel mit der Mundharmonika. Roman. Berlin, 1932, 282 S.

Abschied von der Jugend. Roman. Bremen, 1937. 293 S.

Andreas. Geschichten um Martins Vater. Gütersloh, 1957. 79 S.

Andreas, Viola und der neue Stern. Gütersloh, 1975. 95 S.

Die Begegnung. Erzählungen. (Nachwort von Wilhelm Scharrelmann) Leipzig, 1936. 74 S.

Bis nördlich von Jan Mayen. Geschichten zwischen Kopenhagen und dem Packeis. Neukirchen, 1978. 200 S.

Demeter. Erzählungen. Berlin, 1937. 141 S.

Der faule Sohn. Sigmaringen, 1984. 30 S.

Die Frühlingsfeier. Novellen. Bremen, 1925. 70 S.

Die Frühlingsfeier. Gesammelte Novellen. Bremen, 1932. 224 S.

Heiliger Abend. Eine kleine Weihnachtsgabe. Zürich, 1973. 72 S.

Heute noch. Erzählung. Hamburg, 1962. 43 S.

Der Hüttenfuchs. Erzählung. (Illustriert von Rolf Köhler) Frankfurt/M., 1983. 80 S.

Isabel. Geschichten um eine Mutter. Gütersloh, 1953. 77 S.

Keiner weiß die Stunde. Erzählungen aus fünf Jahrzehnten. Neukirchen, 1970. 136 S.

Kleine Liebe zu Amerika. Ein junger Mann schlendert durch die Staaten. Berlin, 1930. 344 S.

Kleiner Stern im dunklen Strom. Erzählung. Frankfurt/M., 1963. 200 S.

Lampioon küßt Mädchen und kleine Birken. Abenteuer eines Wanderers. Bremen, 1928. 272 S.

Liebende leben von der Vergebung. Roman. (Ges. Schriften in Einzelausgaben) Frankfurt/M., 1953. 195 S.

Martin. Geschichten aus einer glücklichen Welt. Bremen, 1949. 86 S.

Ontje Arps. Erzählung. Berlin, 1934. 132 S

Orgelkaporgel. Novellen. Bremen, 1925

Quartier bei Magelone. Aus den Papieren des Oberleutnants Skram. Berlin 1941. 66 S.

Salut gen Himmel. Roman. Berlin, 1929. 326 S.

Der Überfall. Gesammelte Erzählungen. (Ges. Schriften in Einzelausgaben) Frankfurt/M., 1952. 345 S.

Unvernunft zu dritt. Eine Schülergeschichte. Neukirchen, 1977.

Die Verirrten. Erzählungen. (enthält die Urfassung von Ontje Arps)

Viola. Gütersloh, 1978. 16 S.

Was dir nicht angehört. Erzählung. Frankfurt/M. 1956. 78 S.

Gedichte

Alte Musik. Gedichte. Berlin 1941. 73 S.

Altmodische Liebesgedichte. Stuttgart um 1965. 48 S.

Die Bremer Stadtmusikanten. Verse. (Abbildungen von Horst Lemke) Gütersloh, 1962. 32 S.

Füreinander. Gedichte. Berlin, 1946. 77 S.

Die Gedichte. (Ges. Schriften in Einzelausgaben. Enthält: Jahre des Lebens; Alte Musik; Füreinander) Frankfurt/M., 1949. 231 S.

Der golddurchwirkte Schleier. Gedichte um Aphrodite. Frankfurt/M. 49 S.

Der golddurchwirkte Schleier und neue Liebesgedichte. (Illustriert von Gunter Böhme. Mit 15 z.T. doppelseitigen und farbigen Zeichnungen und Vignetten) Sigmaringen, 1983. 112 S.

Jahre des Lebens. Gedichte. Berlin, 1938. 70 S.

Jahre des Lebens. Gedichte. (Ges. Gedichte, Auswahl) Neukirchen, 1974. 155 S.

Irrsal der Liebe. Gedichte aus vier Jahrzehnten. Frankfurt/M., 1960. 101 S.

Die Jahreszeiten. Gedichte. 1924

Übersetzungen, Nachdichtungen von Gedichten

Da wußte ich, daß es Frühling war. Eskimolieder. Ges. von Knud Rasmussen. Aus dem Dänischen. Zürich, 1984. 96 S.

Das Erwachen. Lieder und Bruchstücke aus der griechischen Frühzeit übertragen und eingeleitet. Berlin, 1949. 127 S

Das Erwachen. Frühe griechische Lyrik. Griechisch-deutsche Fassung. Zürich, 1976. 128 S.

Gelöstes Haar. Japanische Gedichte von Toyatama Tsuno. Frankfurt/M. 1964. 83 S.

Hinter dem Perlenvorhang. Gedichte aus dem Chinesischen. Frankfurt/M., 1954. 79 S.

Liebe, Tod und Vollmondnächte. Japanische Gedichte. Übertragen. Frankfurt/M., 1951. 65 S.

Das Lied der Lieder, das man dem König Salomon zuschreibt. Übertragen. Frankfurt/M., 1958. 47 S.

Ruf der Regenpfeifer. Japanische Lyrik aus zwei Jahrtausenden. Übertragen mit Kuniyo Takayasu. Eßlingen, 1961. 116 S.

Schauspiele

Aufruhr in der Marktkirche. Ein Reformationsspiel. Frankfurt/M., 1957. 81 S.

Daniels Stern. Ein Weihnachtsspiel. Neukirchen, 1981. 48 S.

Der dunkle Regen. Ein Mysterienspiel. Frankfurt/M., 1951. 106 S.

Der Fischbecker Wandteppich. Ein Legendenspiel. Frankfurt/M., 1955. 95 S.

Hafenbar. Komödie. München, 1954. 86 S.

Lilofee. Eine dramatische Ballade. Berlin, 1936. 112 S.

Marienkind. Laienspiel nach dem Märchen der Brüder Grimm. 1927

Die Nienburger Revolution. Ein Schauspiel. Nienburg, 1975. 111 S.

Das Worpsweder Hirtenspiel. Göttingen, 1946. 24 S.

Die Zauberin von Buxtehude. Ein Schauspiel. Frankfurt/M., 1959. 112 S.

Essays, Betrachtungen, Briefe

Einer muß wachen. Sechs Versuche. Berlin, 1941. 71 S

Einer muß wachen. Essays. (Neue Ausgabe) Neukirchen, 1971. 331 S.

Die Entscheidung. Neue Betrachtungen, Briefe, Gedanken und Reden. (Ges. Schriften in Einzelausgaben) Frankfurt/M., 1955. 205 S.

Geheimnis einer Landschaft. Worpswede. Berlin, 1940. 20 S.

Geliebtes Bremen. Eine Art von Geständnis. Berlin um 1939. 30 S.

Hinter den Dingen. Sieben Betrachtungen. Kassel, 1967. 56 S.

Im Spiegel der Erinnerung. Erlebnisse und Begegnungen. Neukirchen, 1974. 127 S.

Kleine Begegnungen mit großen Leuten. Neukirchen, 1973. 110 S.

Kreise um eine Mitte. Essays. Neukirchen, 1968. 216 S.

Der Mensch vor Gottes Angesicht. Rembrandt-Bilder-Deutungsversuche. Neukirchen, 1976. 111 S.

Nacht der Nächte. Ein Weihnachtsbuch. Neukirchen, 1980. 63 S.

Spiegel des Lebens. Gedanken über ein Fußballspiel. Zürich, 1966. 46 S.

Tröstliche Zeichen. Reden und Betrachtungen. (Ges. Schriften in Einzelausgaben) Frankfurt/M., 1959. 197 S.

Vorspiel. Neue Versuche. Berlin, 1947. 118 S.

Welt aus Licht und Eis. Spitzbergenbilder. Bildband mit Ruprecht Bartels. 35 farb. Fotos. Neukirchen, 1979. 112 S.

Widerschein der Ewigkeit. Fünfzehn Bildmeditationen. Hamburg, 1966.

Zwei unter Millionen. Von Liebe und Ehe. Hamburg, 1964. 66 S.

Theologisches, Predigten

Und es geschah. Gedanken zur Bibel. Hamburg, 1965. 88 S.

Wie komme ich zum Glauben? Confessio Augustana. Bekenntnis aktuell. Briefreihe zum Augsburger Bekenntnis. Vellmar, 1979.

Das abgründige Geheimnis. Fünfzehn Predigten. Neukirchen, 1972. 192 S.

Brandstiftung. Elf Predigten. Neukirchen, 1981.

Gottes Ja. Predigten. Neukirchen, 1968. 108 S.

Gottes Nähe. Zwölf Predigten. Neukirchen, 1981. 152 S.

Nüchternheit. Zehn Predigten. Neukirchen, 1968. 146 S.

Wort vom Wort. Acht Predigten. Neukirchen, 1968. 101 S.

Worpsweder Kalenderblätter, posthum von Tjark Hausmann, Worpsweder Verlag 1990